汽车职业技能码上学丛书

陈甲仕 主编

汽车美容装饰

码上学

机械工业出版社
CHINA MACHINE PRESS

本书根据新形势下汽车美容装饰行业的特点，以“图解＋视频”的形式进行讲解，由浅入深，突出操作技能，内容新颖、贴近实际美容装饰，有别于目前国内出版的同类教材和图书。全书内容包括汽车美容、装饰、内饰翻新等操作知识。

本书选取了大量的图片和视频相结合，易学实用、通俗易懂，可供从事或准备从事汽车美容装饰的广大读者学习使用，也可作为相关汽车院校师生操作培训的辅导用书。

图书在版编目（CIP）数据

汽车美容装饰码上学/陈甲仕主编．—北京：机械工业出版社，2018.11（2022.3 重印）

（汽车职业技能码上学丛书）

ISBN 978-7-111-61072-4

Ⅰ.①汽…　Ⅱ.①陈…　Ⅲ.①汽车－车辆保养　Ⅳ.①U472

中国版本图书馆 CIP 数据核字（2018）第 228544 号

机械工业出版社（北京市百万庄大街 22 号　邮政编码 100037）

策划编辑：杜凡如　责任编辑：杜凡如　徐　霆

责任校对：黄兴伟　封面设计：王九岭

责任印制：常天培

固安县铭成印刷有限公司印刷

2022 年 3 月第 1 版第 2 次印刷

184mm×260mm · 7.5 印张 · 149 千字

3001—3500 册

标准书号：ISBN 978-7-111-61072-4

定价：49.00 元

凡购本书，如有缺页、倒页、脱页，由本社发行部调换

电话服务	网络服务
服务咨询热线：010-88361066	机工官网：www.cmpbook.com
读者购书热线：010-68326294	机工官博：weibo.com/cmp1952
010-88379203	金书网：www.golden-book.com
封面无防伪标均为盗版	教育服务网：www.cmpedu.com

前言

随着我国汽车工业的迅猛发展，汽车美容装饰需求也越来越旺盛，而且出现汽车美容装饰店遍地开花的趋势。为了让从业人员尽快掌握美容装饰技能，我们特意编写了本书来满足大家的学习需求。

本书采用“图解＋视频”的独特方式进行讲解，并且融合了美容装饰过程中的精髓，让读者学得轻松、学得愉快，是一本汽车美容装饰指导宝典。全书分为6章、共37个项目进行阐述，主要覆盖日常汽车美容、装饰及内饰翻新等常见的必会项目。

本书选取了大量的图片和视频相结合，易学实用、通俗易懂，能够学以致用，可供从事或准备从事汽车美容装饰的广大读者学习使用，也可作为汽车院校师生实训指导用书。

本书由陈甲仕主编，参加编写的人员还有陈科杰、陈柳、黄容。在本书编写过程中，得到了许多汽车美容装饰企业以及广大技师朋友的大力支持和协助，在此表示诚挚的感谢！

由于编者水平有限，书中难免有不足之处，恳请广大读者批评指正，以便再版时补充完善。

编　者

目　录

第 1 章　汽车车身美容

1. 汽车清洗

（1）冲洗脚垫。车辆驶入洗车工位停放平稳并关好所有车窗及车门后，由两名美容技师一左一右同时将脚垫撤出，然后用高压水枪将脚垫冲洗干净，最后用压缩风枪吹干或者用地毯脱水机脱干脚垫水分即可。

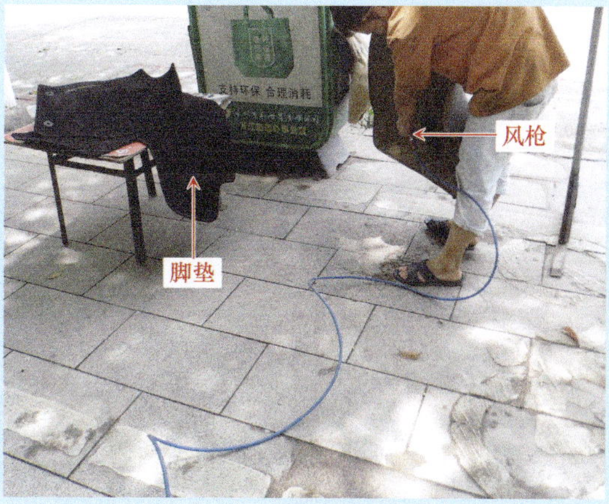

吹干脚垫水分

冲脚垫

（2）冲车。由一名美容技师用高压水枪冲去车身污物，顺序为自上而下。整个过程中始终由一个方向向另一边的斜下方冲洗，尽量避免来回冲洗，以免将泥沙冲回已经冲洗干净的部位。

冲车

用高压水枪冲去车身污物

喷泡沫

（3）喷泡沫。由一名美容技师用泡沫清洗机将清洗剂与水混合变成泡沫，然后在高压下将泡沫均匀喷到车身外表。

喷泡沫

擦拭车身表面

（4）擦拭车身表面。让泡沫浸润车身几分钟，依靠泡沫的吸附作用，使清洗液充分地渗透于车身表面的污垢，最后用洗车海绵擦拭车身表面泡沫，按照从上到下的顺序擦洗车身。

擦拭车身表面

冲去泡沫

（5）冲洗泡沫。擦洗完毕之后，开始冲洗车身泡沫，顺序同冲车一样，但这时应以车顶、上部和中部为重点。因为冲车时已经将车身下部冲洗得比较干净并进行了一定的擦洗。当冲洗中部以上部位时向下流动的水基本能够将下部及底部冲洗干净，所以下部和底部一带而过即可。

冲洗泡沫

（6）擦干车身。由两名美容技师各用一块半湿性大毛巾将整个车身从前至后先预擦一遍。当擦完一遍后，应取出两块毛巾，一干一湿，用半湿性毛巾擦净车门边、发动机舱盖、行李箱边沿及燃油箱盖内侧的泥沙后，再用干毛巾擦干留下的水痕。

擦干车身

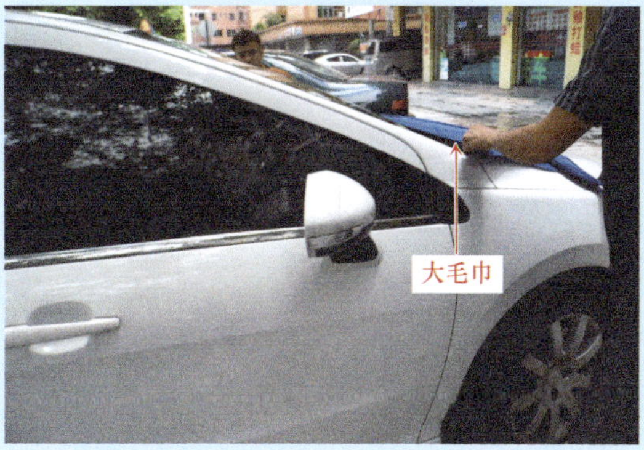

擦干车身

（7）清洁车内尘土。用吸尘器将车内的尘土（仪表台、座椅缝隙处及地毯）由上至下吸干净，然后用半湿性毛巾对车内擦拭一遍即可。

用吸尘器吸车内的尘土

用半湿性毛巾对车内进行擦拭

车内吸尘

（8）清洁行李箱内尘土。用吸尘器将行李箱内底板的尘土吸干净，然后用半湿性毛巾擦拭一遍。必要时可以用压缩风枪吹干净行李箱盖的缝隙。

用半湿性毛巾对行李箱内进行擦拭

验车

（9）验车。首先检查洗车工序中容易遗漏的部位，如发动机舱盖边沿及内侧、车门边缘内侧、车门把手内侧、行李箱边沿内侧、燃油箱盖内侧、车身底部、轮胎及排气管等部件。垫好脚垫，最后在交车之前最好在车内喷洒些香水或空气清新剂，使车主感到更加满意。

垫好脚垫

相关知识

目前，汽车清洗主要有用高压水枪进行人工清洗和电脑自动洗车机自动清洗两种，以下主要针对电脑自动洗车机自动清洗进行简单讲述。

（1）在车辆进入电脑自动洗车机工位之前，首先用高压水枪对轮毂及轮胎进行除泥冲洗。

（2）指挥被清洗车辆移动至清洗车位，前后按指定位置停好。

（3）将发动机熄火，拉上驻车制动器（车辆不可移动），关闭所有门窗玻璃，收进天线。

（4）检查确认车身外部的装饰物、后视镜、刮水器的安装状况是否良

被清洗车辆移动至清洗车位

好，确认车身上是否有划痕、漆面损伤，玻璃是否损坏等，如有，则告之车主认可，避免洗车后与车主产生纠纷。

（5）按下起动开关，电脑自动洗车机随即按设定程序自动进行清洗运作。

（6）当清洗完成后，将车辆移入美容区并将车身水珠擦拭干净，然后再将车室清洁干净即可。

电脑自动洗车机起动

电脑自动洗车机进行自动清洗

电脑自动洗车机进行自动清洗

2. 汽车抛光

（1）首先利用洗车液和高压水枪将车身表面清洗干净。

清洗干净车身表面

（2）把抛光剂摇匀，然后将抛光剂倒在待抛光漆面上。

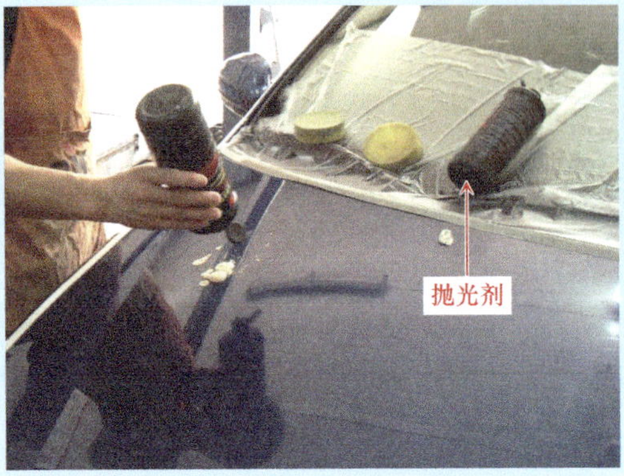

倒上抛光剂

（3）用海绵将待抛光漆面上的抛光剂涂抹均匀。

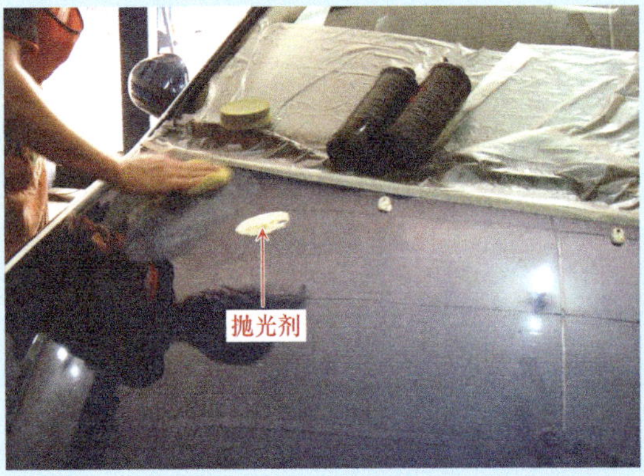

将抛光剂涂抹均匀

（4）调整抛光机转速为 1400～1800r/min，操作时将抛光机平放于漆面，均匀地向下施加压力即可进行抛光，施加压力的大小由操作人员根据抛光漆面状态来灵活掌握。

进行抛光

漆面抛光

（5）将车身残留的抛光剂彻底清洗干净，然后擦干车身表面即可使车身恢复原来的光泽。

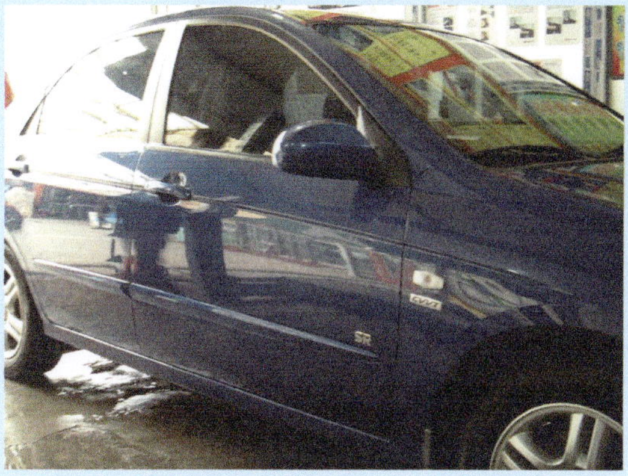

将车身残留的抛光剂清洗干净

相关知识

抛光机的使用注意事项如下：

（1）使用抛光机前先检查抛光机转速、抛光轮是否与托盘黏结牢固、螺母是否拧紧、是否对在中心位置。抛光盘要保持清洁，随抛随清理。

（2）新盘抛光要湿润，避免干抛。

（3）要随时注意温度，特别是塑料件部位。

（4）抛光时不要在一个点停留太久，以免温度过高伤到漆面，要做到来回往返地进行抛光。同时应分块抛光，遵循从上而下、从左至右的原则。

（5）抛光盘与被抛面应小于 30°的倾角，抛光时要始终观察抛光后的效果和即将抛光的漆面状态。

抛光机的使用

检查抛光盘

3. 汽车打蜡

（1）首先利用洗车液和高压水枪将车身表面清洗干净。

对汽车进行彻底清洗

（2）用棉毛巾擦干车身上的水珠，并用压缩风枪吹干车身表面、缝隙及隐蔽部位的水分。操作时左手拿棉毛巾，右手拿风枪，一边吹一边用棉毛巾挡住，以免杂质飞溅进入眼睛。

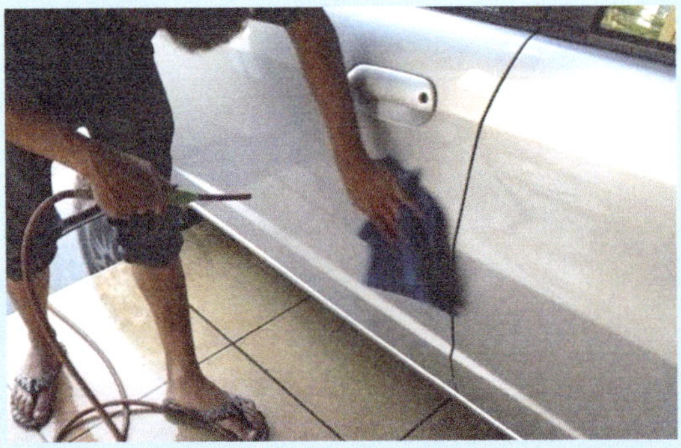

吹干车身

(3) 用海绵蘸上车蜡，然后以画小圆圈的方式将车蜡涂到车身上，涂腊时不可大面积涂抹。操作时手用力要均匀，不必使劲擦，以大拇指和小拇指夹住海绵，以手掌和其余三个手指按住海绵均匀地按环形顺序上蜡。圆圈的轨迹沿车身前后移动。

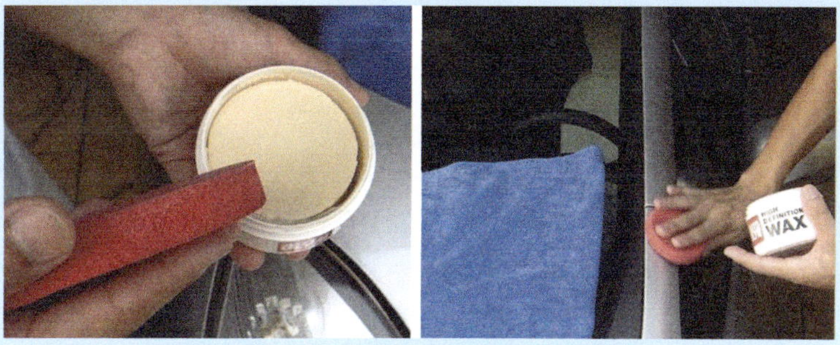

涂抹车蜡

(4) 在车身涂抹车蜡时要尽量涂抹得薄而均匀，而且每道涂布相应与上道涂布区域有 1/5 ~1/4 的重叠，防止漏涂车蜡。

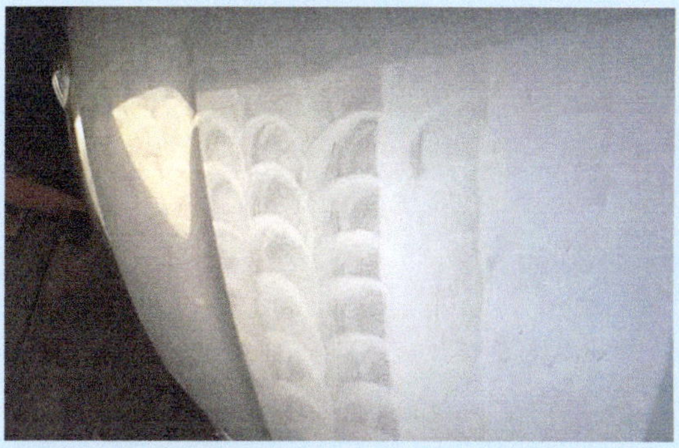

均匀涂抹车蜡

(5) 等待车蜡层半干或涂腊 5 ~10min 后，用棉毛巾来回擦拭进行手工抛光，最后将车身缝隙里的多余车蜡小心刷掉即可。在手工抛光时，应注意抛光运动路线，千万不可胡乱刮擦或作环形运动，应该以车身纵向平行线为基准往复运动。每次抛光的面积不要超过 50cm ×50cm。

手工抛光

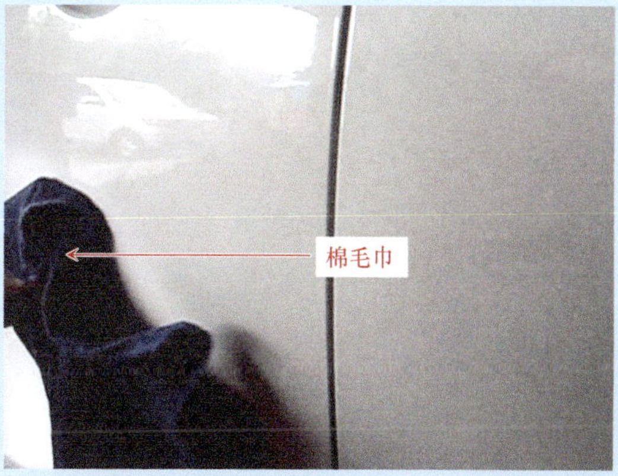

手工抛光

4. 汽车镀晶

清洁污点

（1）首先将车身彻底清洗干净并擦干。如果发现存在小污点，则用清洁剂彻底清洗干净，然后将其擦干即可。

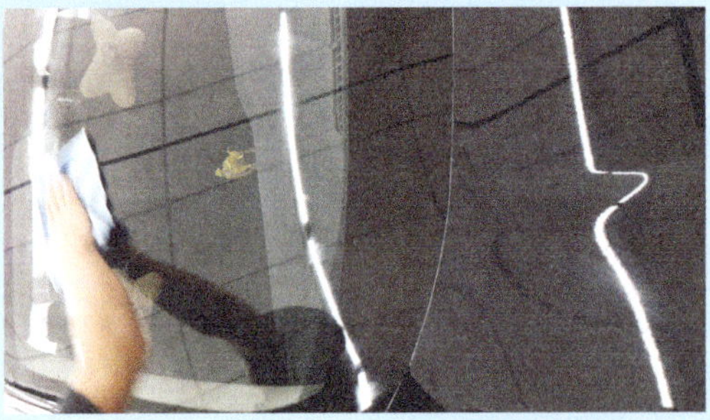

擦拭干净车身

（2）用遮蔽纸将车身表面的橡胶、电镀件、车标等部位遮蔽起来，以免做车漆还原时伤害到这些部位。

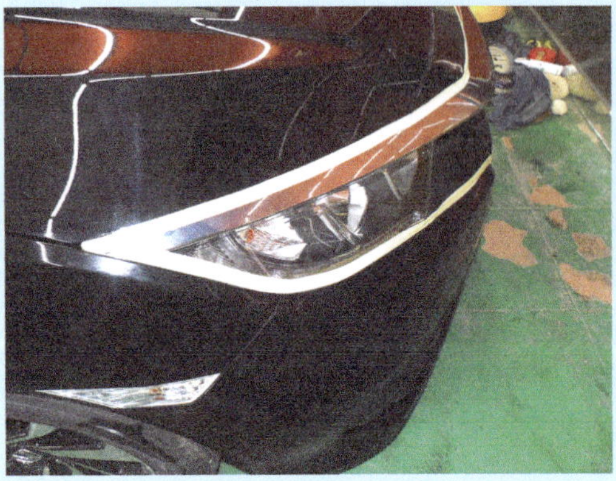

粘贴遮蔽纸

车漆抛光还原

（3）对车漆进行抛光还原。还原原车漆光泽度，这是镀晶中的重要部分，所以需要特别认真细心地操作。

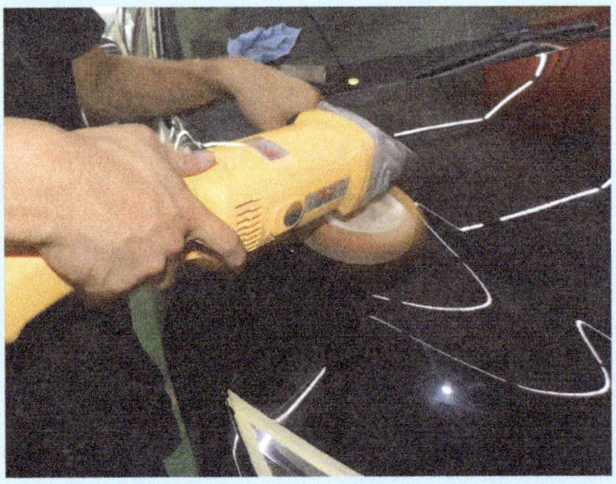

车漆抛光还原

（4）车漆抛光还原之后使用专用脱脂剂清洁干净车身表面的油污。

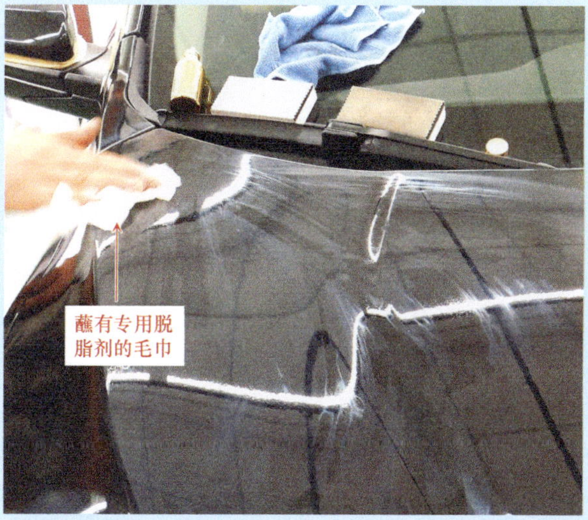

清洁车身油污

清洁车身油污

（5）选择合格的镀晶套装，包括漆面镀晶液和玻璃镀晶液。

镀晶套装

（6）对全车漆面涂抹漆面镀晶液（包括轮毂及电镀件）。操作时将漆面镀晶液滴在海绵上 3 ~4 滴，然后纵横交错均匀涂抹在漆面上，同时另一个助手用软的超细纤维毛巾擦拭均匀漆面镀晶液即可。

涂抹漆面镀晶液

涂抹漆面镀晶液

清洁玻璃表面的油污

（7）使用专用脱脂剂清洁干净玻璃表面的油污。

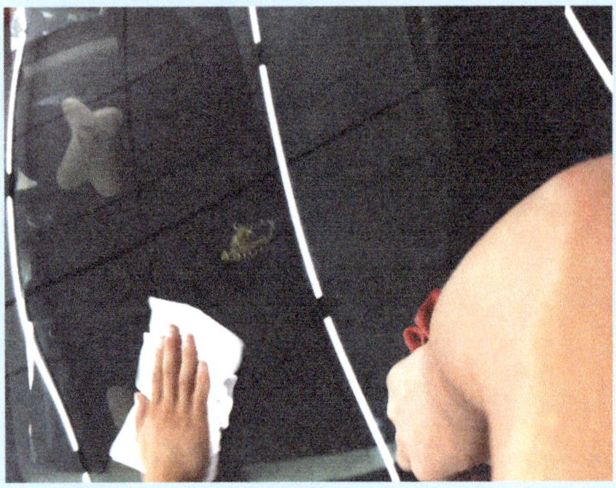

清洁玻璃表面的油污

涂抹玻璃镀膜液

（8）对全车玻璃涂抹玻璃镀晶液。操作时将玻璃镀晶液滴在玻璃上，然后用海绵纵横交错均匀涂抹在玻璃上。

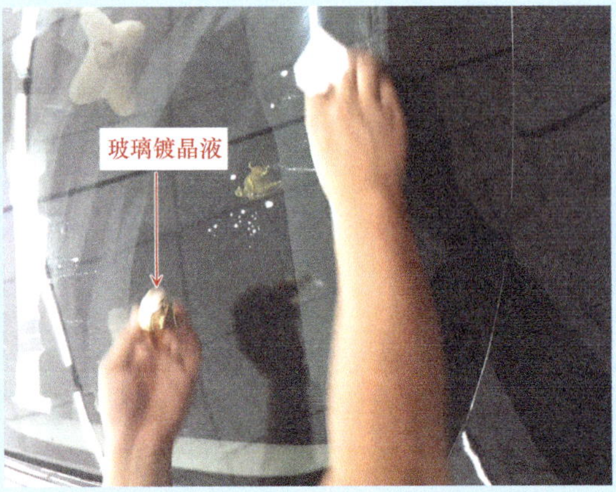

涂抹玻璃镀膜液

将玻璃镀晶液擦拭均匀

（9）另一个助手用软的超细纤维毛巾擦拭均匀玻璃镀晶液即可完成玻璃镀晶。

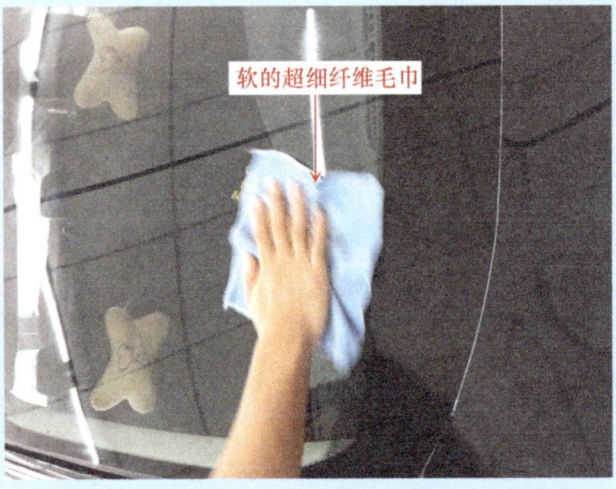

擦拭均匀玻璃镀晶液

（10）检查确认是否留有擦拭痕迹或擦拭得不彻底、不干净的地方，如果发现残留物质应处理干净，最后将遮蔽纸撕开完成整个车身镀晶。

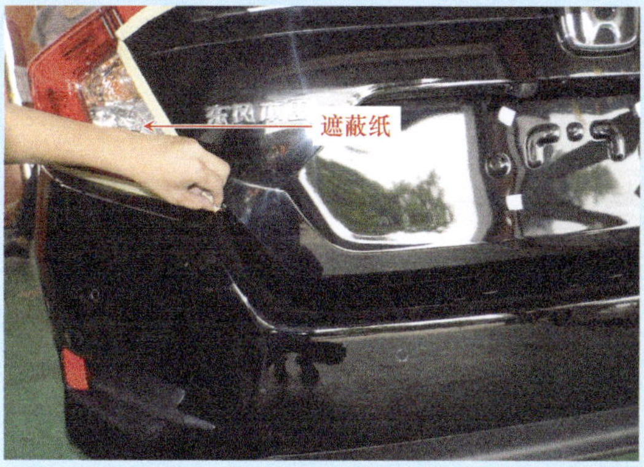

将遮蔽纸撕开

5. 前照灯翻新

（1）首先将前照灯从汽车上拆下，然后用细砂纸对前照灯表面进行水磨，直到前照灯表面的发黄或刮痕部位变光亮为止。最后用纸巾擦干前照灯表面的水迹。

打磨前照灯表面

注意：在前照灯翻新之前，首先准备好一套前照灯翻新修复设备，包括前照灯镀膜液、电热壶、各种型号砂纸等工具。

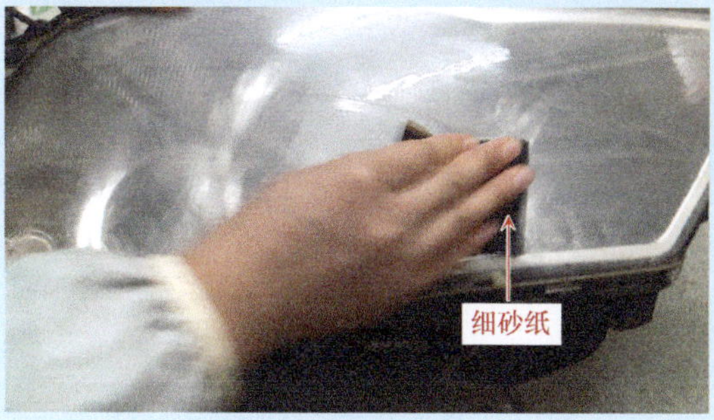

打磨前照灯表面

（2）给电热壶插上电源线，然后将电热壶内的残余液体倒干净。

电热壶插上电源线

（3）把适量前照灯镀膜液（一般80～100mL）倒入电热壶中。

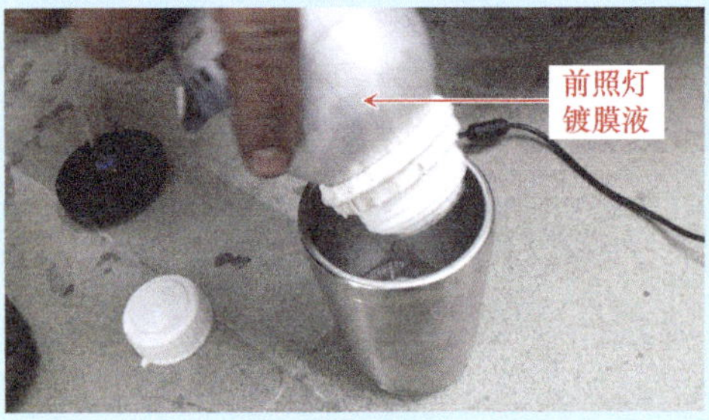

电热壶
将前照灯镀膜液倒入

准备前照灯镀膜液

（4）盖好电热壶盖，让电热壶加热前照灯镀膜液。

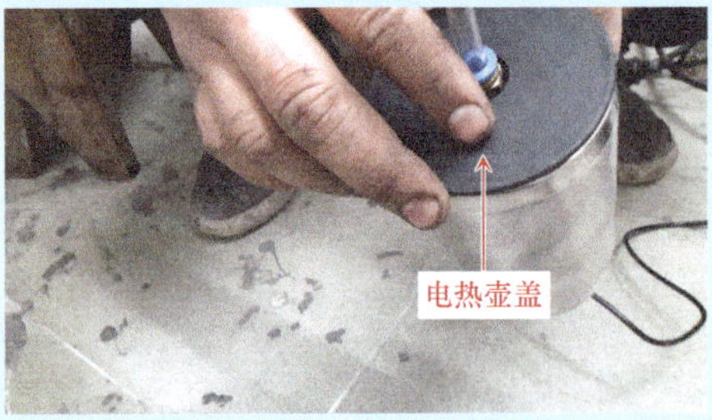

盖好电热壶盖

再次擦拭干净
前照灯表面

（5）给前照灯镀膜之前，必须使用脱脂剂将前照灯表面再次擦拭干净。

再次擦拭干净前照灯表面

给前照灯镀膜

（6）当电热壶出气口有气体持续喷出时即可开始镀膜，此时需要将出气口距离前照灯表面1cm左右的位置，由边沿开始对整个前照灯表面均匀地镀一层膜。当前照灯镀膜经过几个小时自然固化后，前照灯即可恢复原来的光泽。

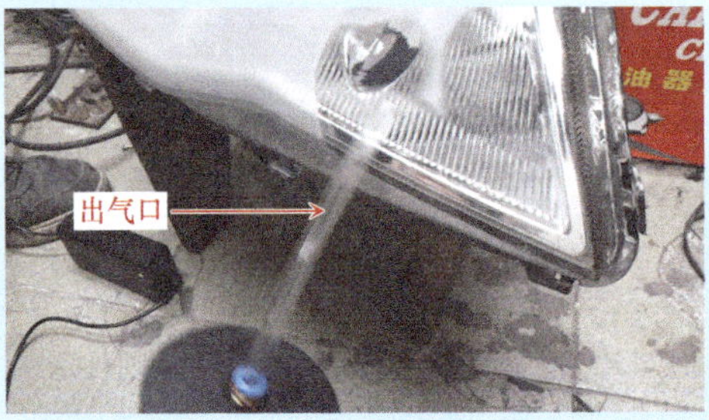

给前照灯镀膜

（7）前照灯镀膜完成后立即断开电源，等待 2min 后打开电热壶盖回收前照灯镀膜液，最后将电热壶清洗干净并将前照灯翻新修复设备整理好以备下次使用。

回收前照灯镀膜液

回收前照灯镀膜液

6. 车窗外饰板翻新

（1）首先使用细砂纸将车窗外饰板的刮痕打磨光滑，然后将粉尘清洁干净，最后在车窗外饰板周围贴上遮蔽纸，以避免喷色漆时将玻璃弄脏。

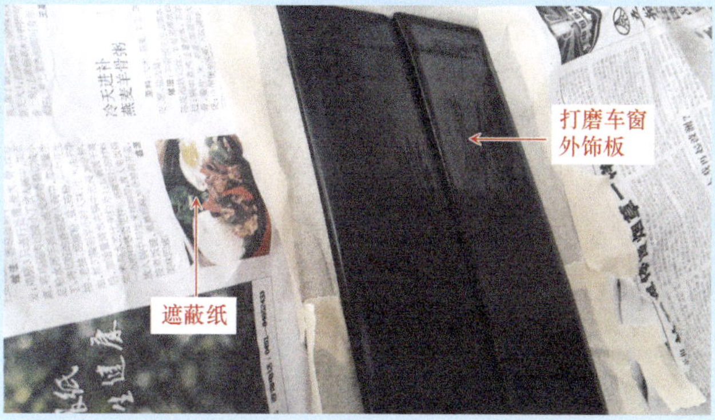

刮痕打磨平整

（2）根据车窗外饰板的颜色来调色漆，然后将其倒入喷枪内。

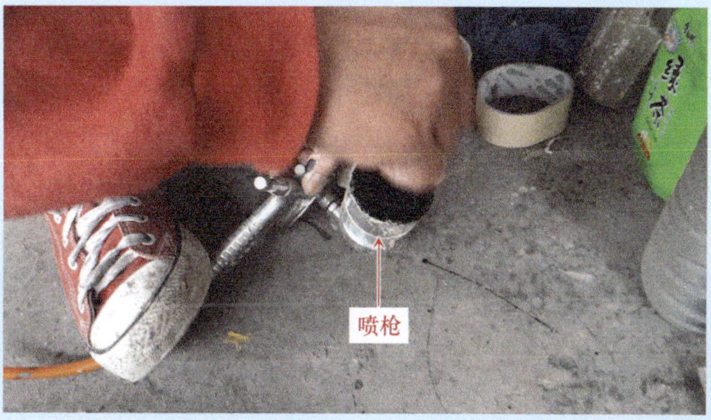

准备色漆

车窗外饰板
喷色漆

(3) 使用喷枪来回均匀地喷上色漆使其遮盖住车窗外饰板的表面。

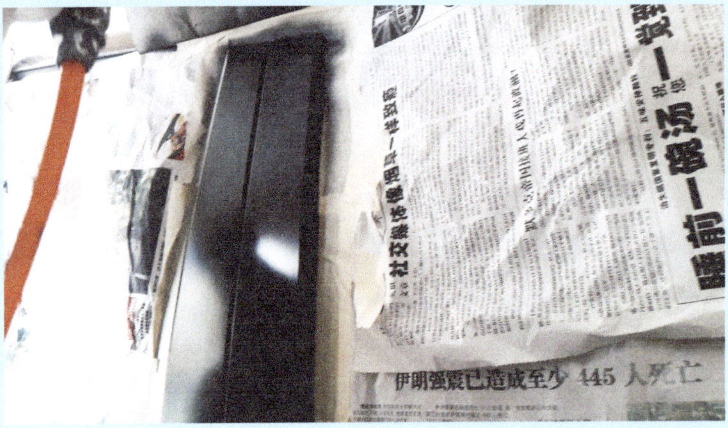

喷上色漆

车窗外饰板
喷增亮剂

(4) 等待 3 ~5min 让色漆干燥后在其表面喷上一层增亮剂。

再喷上一层增亮剂

(5) 当车窗外饰板表面完全干燥后将遮蔽纸撕开，车窗外饰板将会变得亮丽如新。

车窗外饰板翻新效果

7. 汽车玻璃炸点修复

（1）用风窗玻璃炸点清洁笔将前风窗玻璃炸点内的杂质清理干净。

清理干净炸点内的杂质

清理炸点内的杂质

（2）将注射器的固定架安装在前风窗玻璃炸点处，并使固定架的中心与前风窗玻璃炸点处的中心对正。

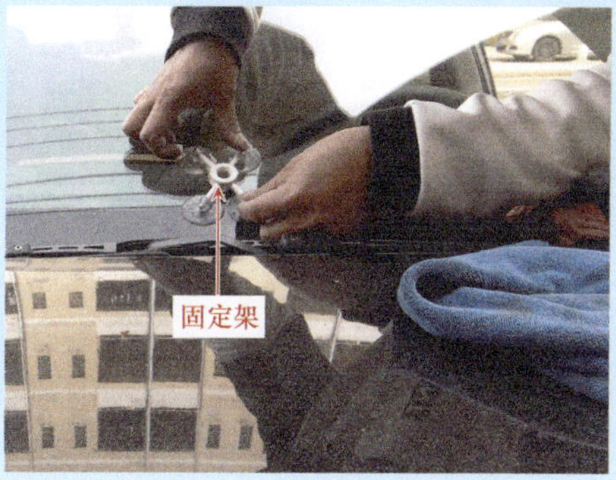

安装注射器固定架

（3）将注射器旋入固定架内，然后观察注射器的中心与前风窗玻璃炸点处的中心位置是否对正。如果中心位置不对，则需要重新调整固定架位置，直到注射器的中心与前风窗玻璃炸点处的中心对正为止。

旋入注射器

安装注射器固定架

（4）向注射器内注入适量的修补液。

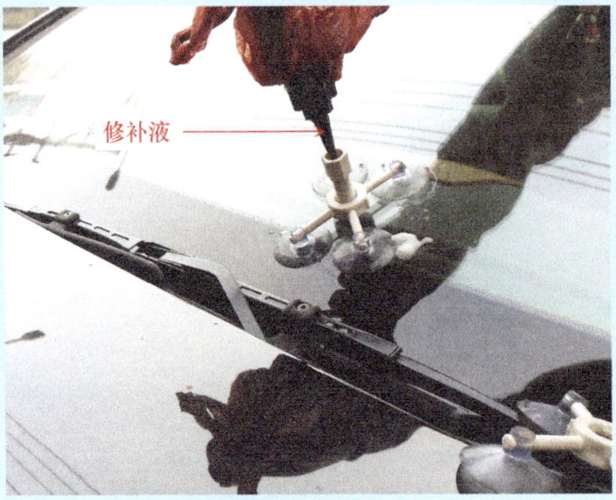

注入适量的修补液

（5）将柱塞缓慢地推入注射器内，以便修补液慢慢渗透到前风窗玻璃炸点里面。

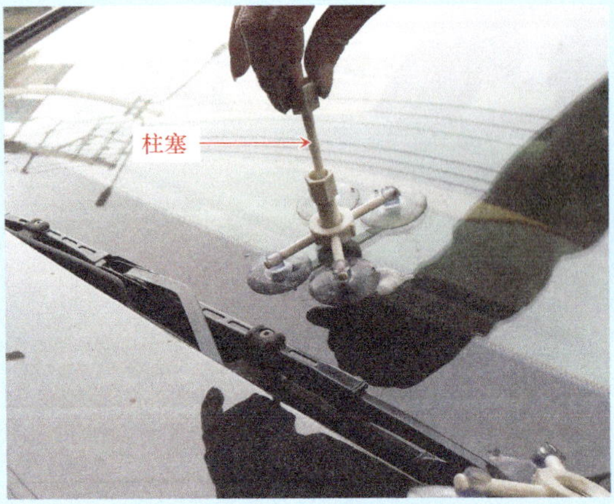

柱塞推入注射器

加注修补液

（6）在注射器上面盖一块毛巾，主要目的是避免注射器内的修补液过早硬化。

在注射器上面盖一块毛巾

（7）等待 15 ~20min，将注射器旋出，然后轻轻抬起真空吸盘即可将固定架取下来。

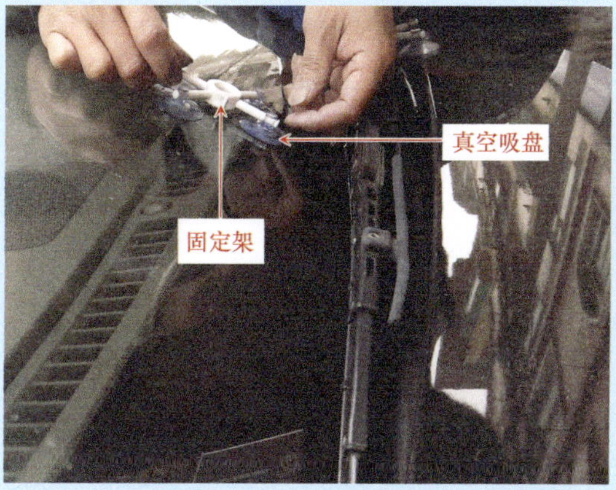

取下修补工具

（8）用紫外线灯从外面加热炸点部位，目的是使炸点内的修补液快速硬化。

紫外线灯加热

紫外线灯加热

（9）用刀片从前风窗玻璃炸点修补处刮除多余的硬化树脂，刮除时不能往下推或刨，避免把树脂从炸点部位拔出来。

用刀片修整修补处

用刀片修整修补处

清洁炸点修复位置

（10）使用泡沫清洁剂将炸点修复位置清洁干净即可，如有必要，可以用少量抛光膏和很小的压力对修补部位进行抛光。

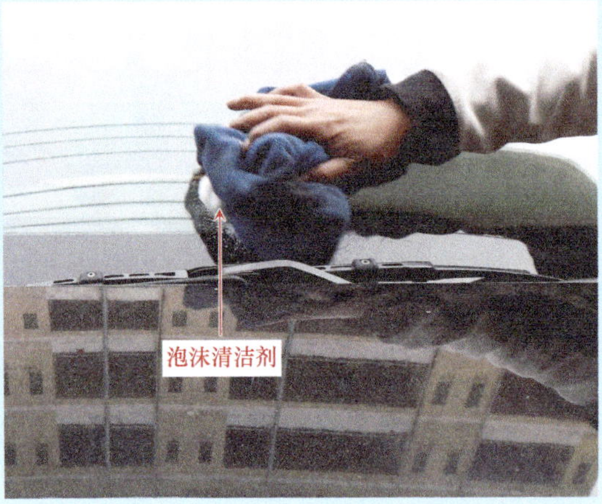

清洁炸点修复位置

相关知识

玻璃的炸点修补主要是在裂缝中填补液态胶质，消除缝隙。填补玻璃所用的材料是一种透明度很高的液态胶质，靠紫外线加热可迅速凝固，强度可达原玻璃的90%以上。并不是所有玻璃的炸点都能够修复，要求石击部位裂口的直径不能超过5mm，从石击处向外裂出的缝隙的长度不允许超过50mm，并且裂纹不能在玻璃密封条处。如果前风窗玻璃炸点在驾驶人视线范围内，一般不予修复，建议直接更换前风窗玻璃，以免影响驾驶安全。

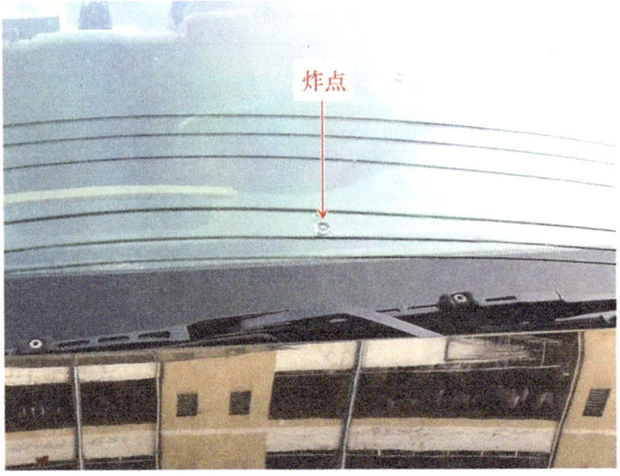

炸点位置

第2章　汽车内部美容

8. 汽车内饰美容

（1）首先在仪表台表面喷上少许泡沫清洗剂，然后用软布进行擦洗干净即可。

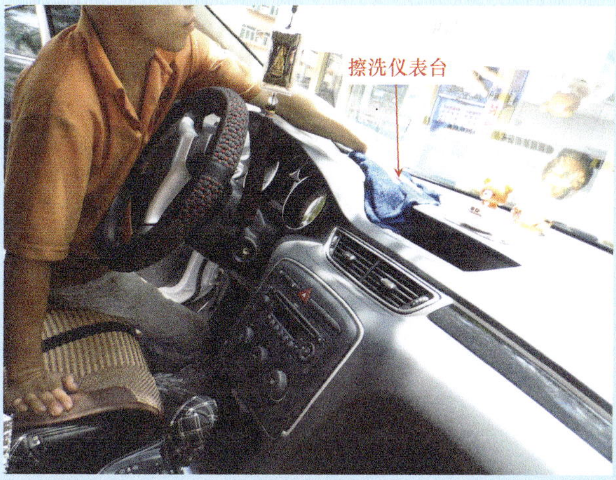

清洗仪表台

（2）在变速杆操作区及座椅表面喷上少许泡沫清洗剂稍停留片刻，然后用干净毛巾从四周向中间仔细擦拭，直到污迹除去为止。

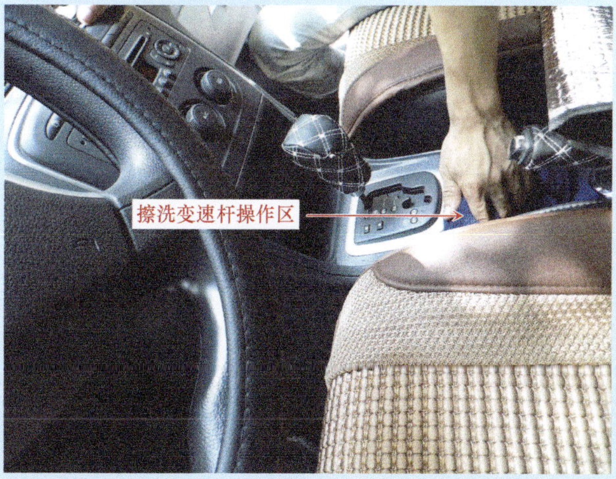

清洗变速杆操作区

（3）在行李箱内侧的饰板及密封胶条处喷上少许泡沫清洗剂，稍停留片刻，然后用干净毛巾将行李箱内侧的饰板及密封胶条擦拭干净，必要时使用压缩风枪吹干水分。

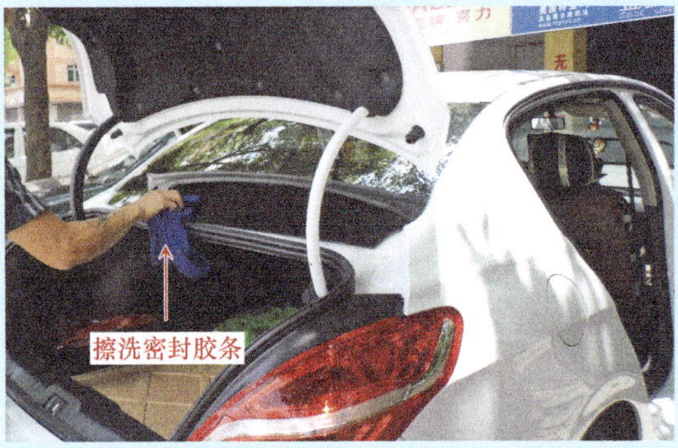

清洗行李箱内侧

（4）车门饰板的清洁应该从上到下，注重每一个细节，包括门边、门边储物盒、门边上的玻璃升降器开关、后视镜开关要用毛巾擦洗，必要时用压缩风枪吹干。

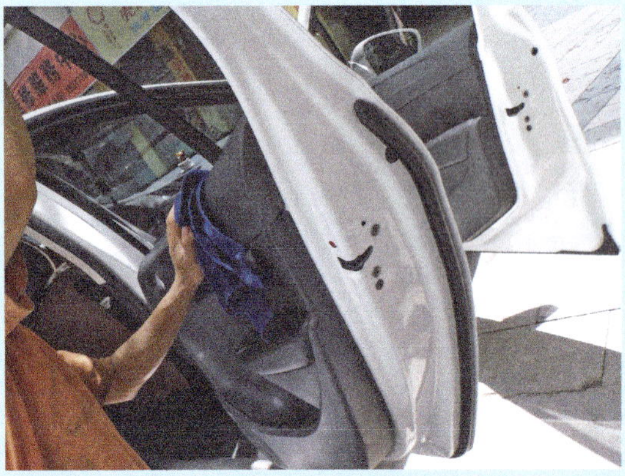

清洗车门

车室清洁

（5）对仪表台喷洒一层仪表板蜡，不仅能增加仪表台的亮度，还能避免仪表台的真皮老化。

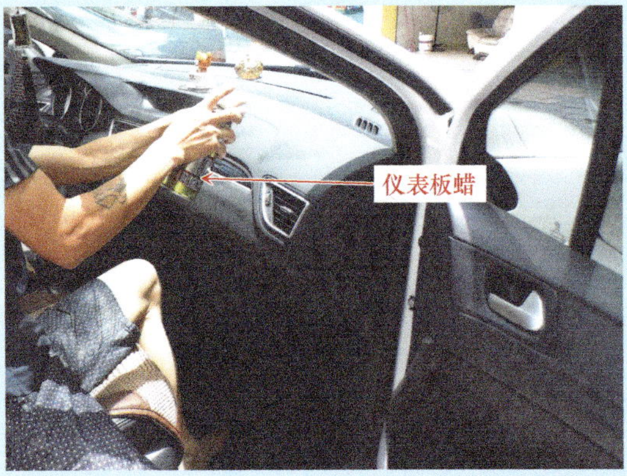

对仪表台喷洒一层仪表板蜡

（6）对每个车门上的饰板喷洒一层仪表板蜡，不仅能增加车门饰板的亮度，还能避免车门饰板的真皮老化。

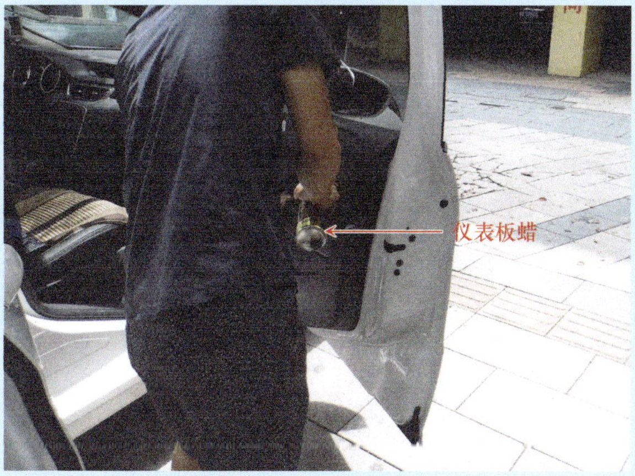

对车门上的饰板喷洒一层仪表板蜡

9. 发动机舱美容

（1）将清洗剂倒入喷壶内，然后借助压缩空气的压力来喷洗发动机舱及周围的杂质和灰尘。

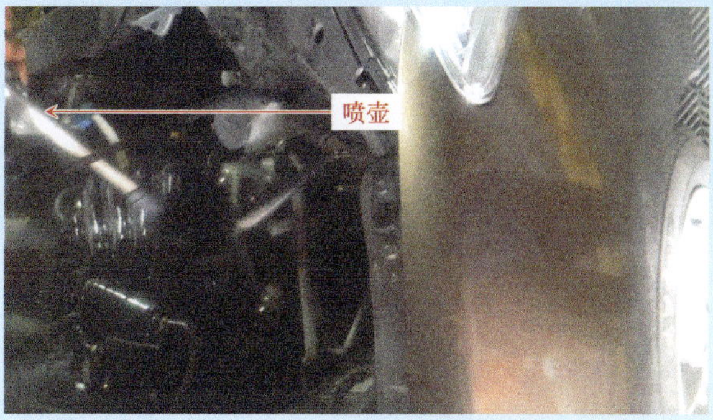

喷洗发动机舱

（2）继续清洗，直到将发动机舱及周围完全清洗干净为止。

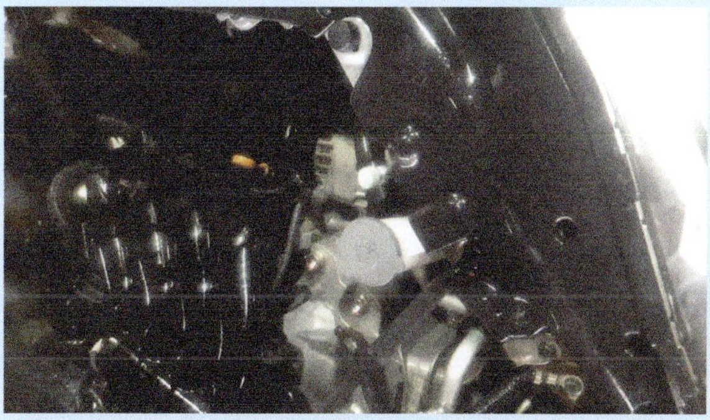

完全清洗干净

清洗发动机舱

（3）使用压缩风枪将发动机舱内的水分及脏污吹干净即可。

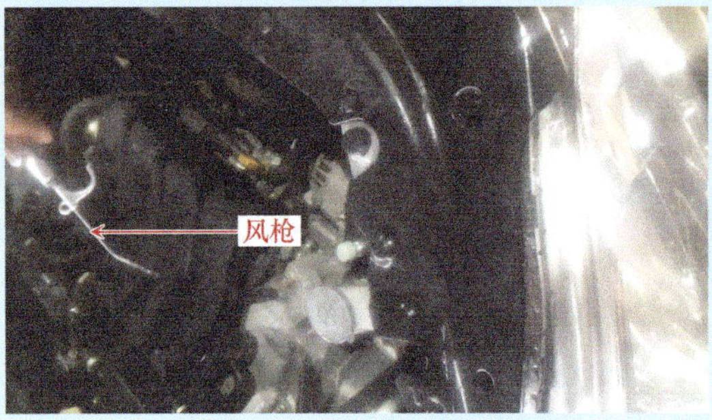

吹干发动机舱水分

相关知识

（1）一般来说，半年清洗一次发动机舱即可，但建议平时可以多用干布或工具擦拭并吹走发动机舱里的油污和灰尘，避免油泥粘在发动机上，影响发动机的散热功能。

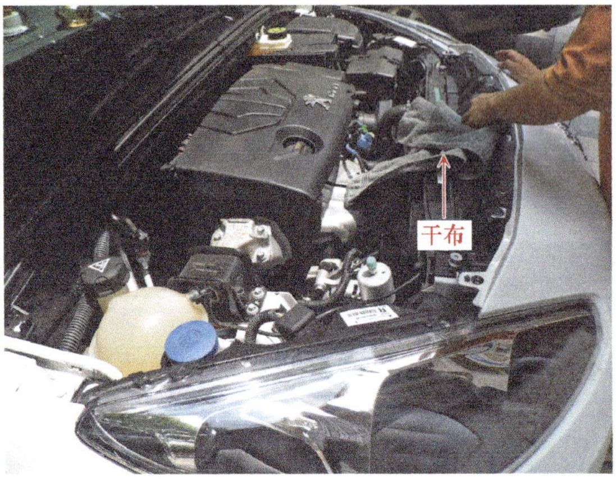

用干布擦拭发动机舱里的油污和灰尘

（2）发动机舱清洁前必须用塑料薄膜将发动机的熔丝 / 继电器盒、发电机、电子控制单元 ECU、点火线圈、蓄电池等覆盖，以免水分侵入用电器造成损坏。

（3）在清洗发动机外部时，首先将发动机熄火，使所有电器不工作，并使发动机温度降低后方可清洗。

（4）清洗时应使用散射水柱进行冲洗，并且水柱的压力不能过高。

（5）清洗时注意不要让清洗液流进蓄电池，以免损坏汽车蓄电池。

（6）清洁完成后可以喷上一层“线束护理剂”，其作用是防止积累油泥，缓解线束的老化。

10. 显示屏框损伤修复

（1）使用细砂纸将显示屏框损伤部位打磨光滑，然后将粉尘清洁干净，最后在显示屏框损伤部位周围贴上遮蔽纸，主要避免喷色漆时将仪表台及显示屏弄脏。

仪表台损伤部位周围贴上遮蔽纸

（2）用干净的毛巾再次将显示屏框损伤部位擦拭干净。

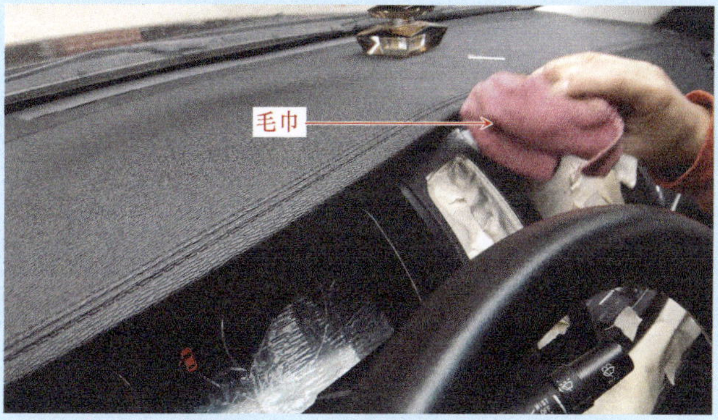

将仪表台损伤部位擦拭干净

喷色漆准备

（3）根据显示屏框的颜色来调色漆，然后将其倒入喷枪内，最后小心地来回均匀地喷色漆，使其遮盖住显示屏框损伤部位。

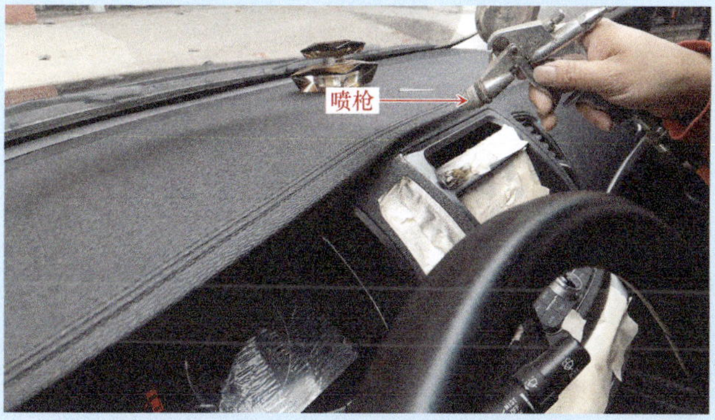

喷色漆

喷色漆

撕开遮蔽纸

(4) 当显示屏框表面完全干燥后将遮蔽纸撕开，显示屏框将会变得亮丽如新。

撕开遮蔽纸

相关知识

(1) 仔细遮盖不需喷涂的部位，避免色漆飞溅到其他部位造成清理困难。

(2) 喷色漆时，以低气压和较小的喷射直径来喷涂。此外，喷色漆时还可以一只手拿遮蔽硬纸，另一手拿喷枪进行喷涂，避免色漆飞溅。

(3) 喷色漆经 1h 自然干燥后，可取下遮盖物，再经 4h 干燥即可投入使用。

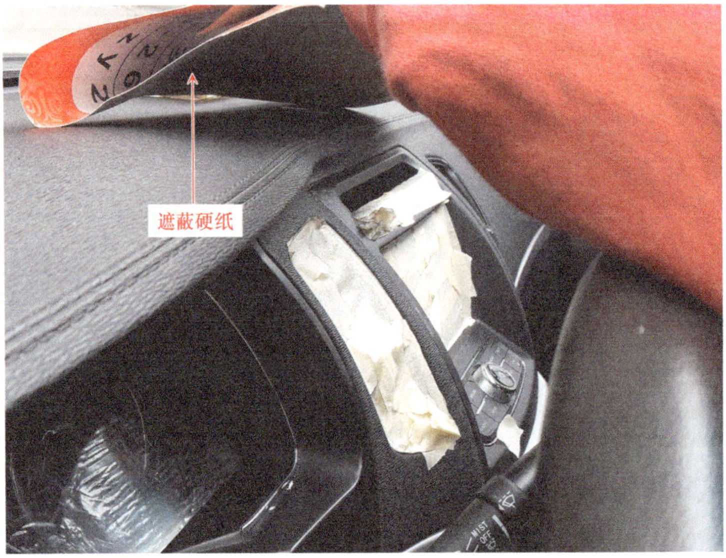

喷色漆时注意事项

11. 真皮座椅损伤修复

（1）首先将真皮座椅清洁干净，然后在真皮座椅损伤处均匀地涂抹上一层补伤膏。

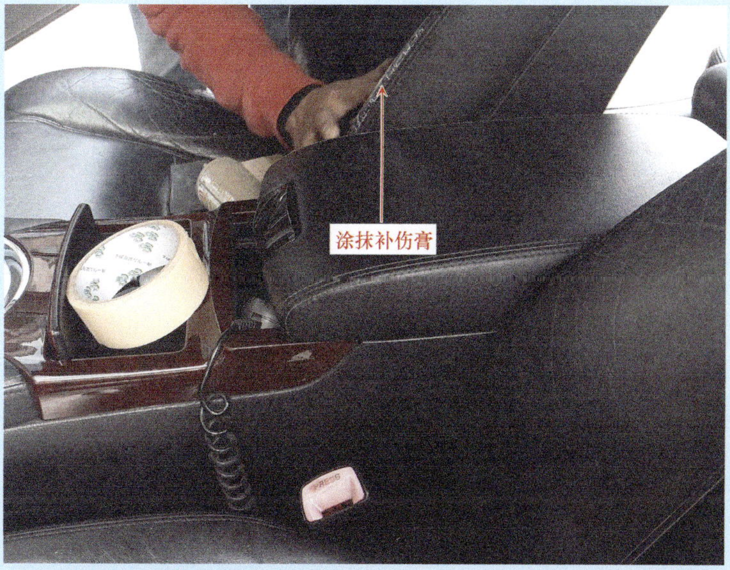

损伤处涂抹补伤膏

涂抹补伤膏

（2）使用热风枪加热涂抹补伤膏的位置，主要使其快速渗透到真皮损伤部位。

用热风枪加热涂抹补伤膏的位置

加热涂抹补伤膏的位置

打磨涂抹补伤膏的位置

（3）用细砂纸轻轻地打磨涂抹补伤膏的位置，使损伤部位变得光滑。

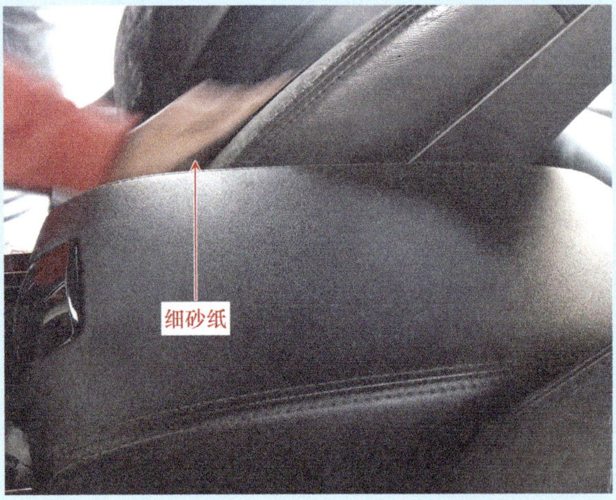

打磨涂抹补伤膏的位置

遮蔽真皮座椅的周围

（4）在真皮座椅的周围用遮蔽纸保护，避免喷色漆时将其他部位弄脏。

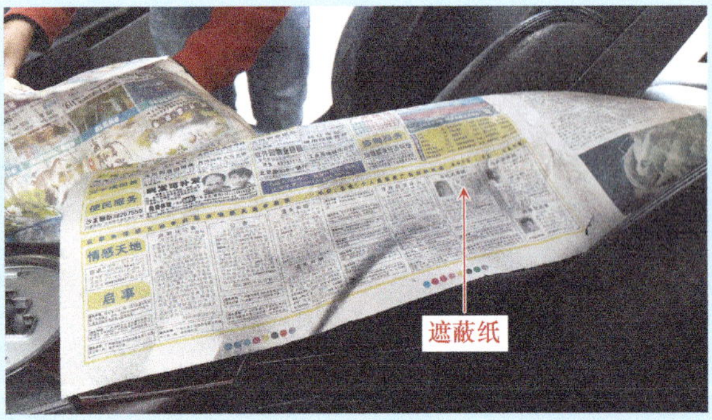

遮蔽真皮座椅的周围

喷第一遍色漆

（5）根据真皮座椅的颜色来调色漆，然后将其倒入喷枪内，小心地在真皮损伤部位喷上第一遍色漆。

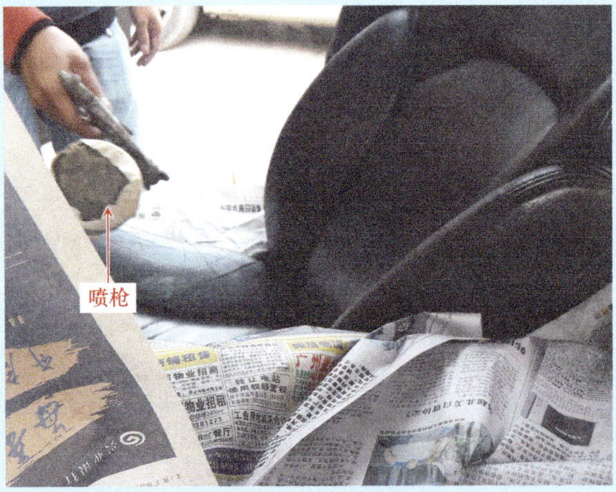

喷第一遍色漆

（6）将上光蜡挤在干净的棉毛巾上，然后将其均匀地擦拭在真皮损伤部位。

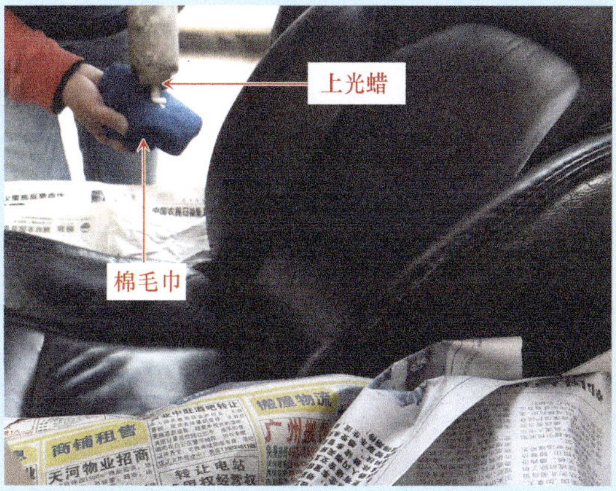

将上光蜡挤在干净的棉毛巾上

涂抹上光蜡

（7）最后小心地在真皮损伤部位喷上第二遍色漆，然后让其自然干燥即可恢复原来的光泽，最后将遮蔽纸撕开，完成真皮座椅损伤修复。

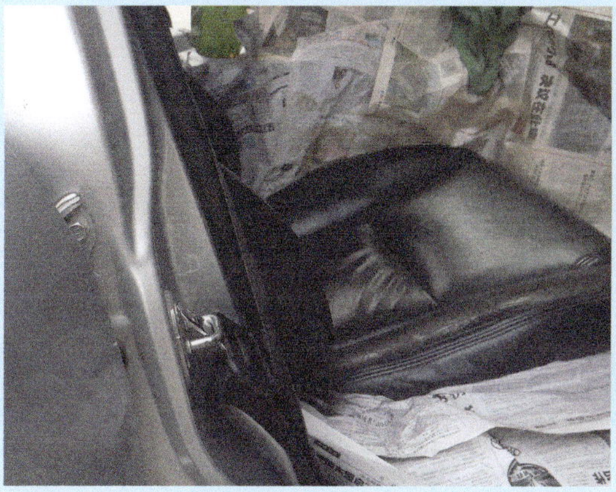

喷第二遍色漆

喷第二遍色漆

第 3 章　汽车内饰翻新

12. 汽车顶篷翻新

（1）首先将顶篷外表的真皮撕掉，然后将顶篷老化的海棉都清理干净。

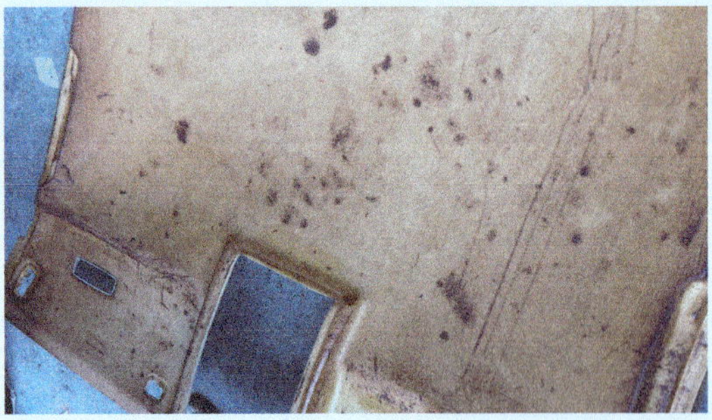

清理干净顶篷老化的海棉

（2）使用 502 胶水在顶篷表面均匀涂一层，目的是增加顶篷的硬度。

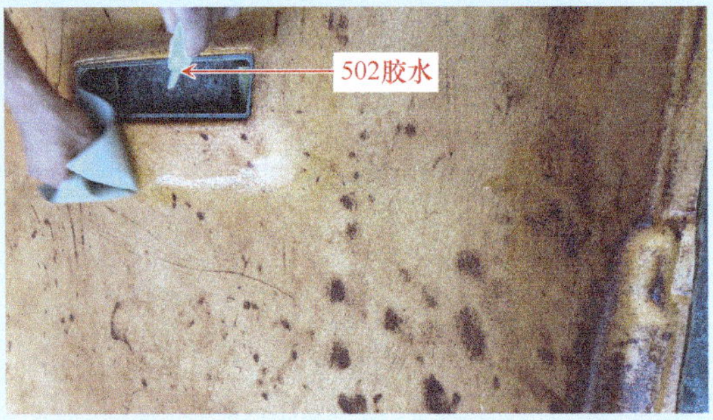

在顶篷表面涂502胶水

（3）等待 502 胶水硬化后在顶篷表面均匀喷上一层粘合剂。

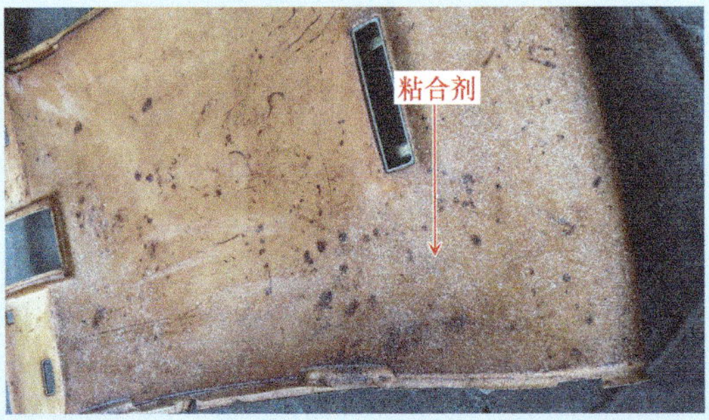

顶篷表面喷粘合剂

在顶篷表面涂
502 胶水

在顶篷表面
喷粘合剂

（4）新真皮反面均匀喷上一层粘合剂，需晾置 2 ~3min。

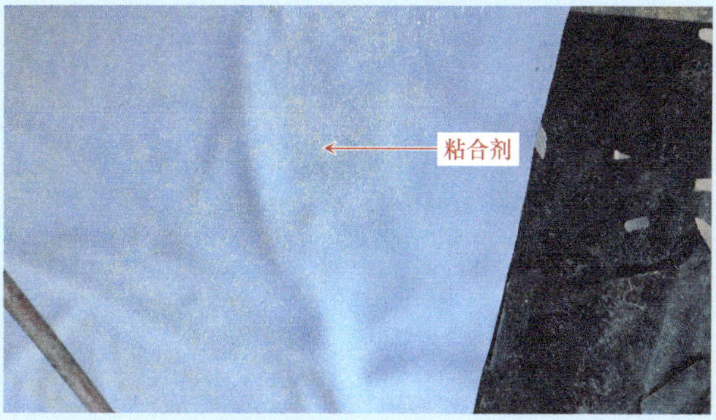

新真皮反面喷粘合剂

新真皮反面喷粘合剂

（5）将新真皮覆在顶篷表面，然后将新真皮抹平并粘贴牢固。抹平时要适当施加压力，压力须全面均匀，这样黏结效果可达到最佳。

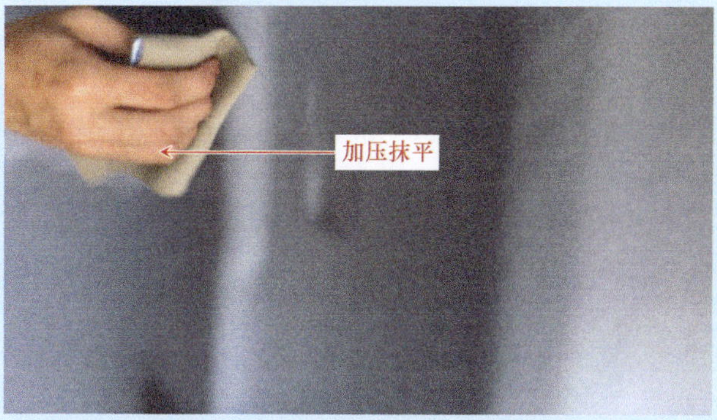

将新真皮抹平

粘接新真皮

（6）将顶篷背面翻过来，然后对其收边处理即可完成顶篷的翻新。

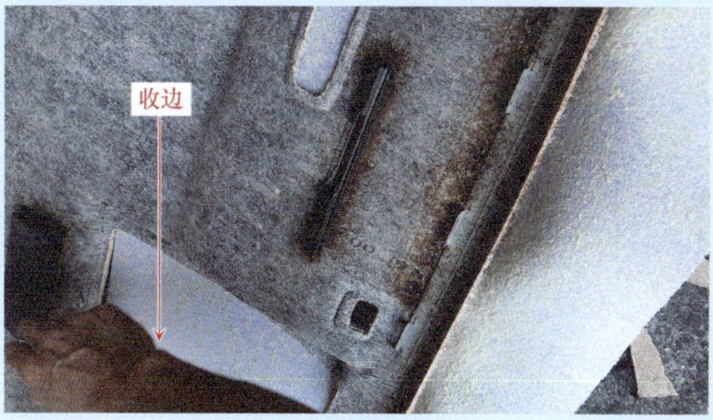

收边处理

收边处理

相关知识

（1）准备。

1）确保施工现场通风良好。

2）确保空气压缩机及喷枪管道无积水。

3）确保喷枪正常。

4）确保顶篷表面无油渍、灰尘及其他杂质。

（2）喷粘合剂要点。

1）顶篷表面和新真皮反面均要喷涂粘合剂。

2）喷枪气压调至500kPa左右。

3）喷枪喷嘴与顶篷表面距离20～50cm。

4）喷嘴与汽车顶篷表面成45°左右的倾斜角度。

5）调试喷枪，喷出效果为颗粒状为宜。

6）喷涂时喷枪应平稳移动，喷涂粘合剂应均匀。

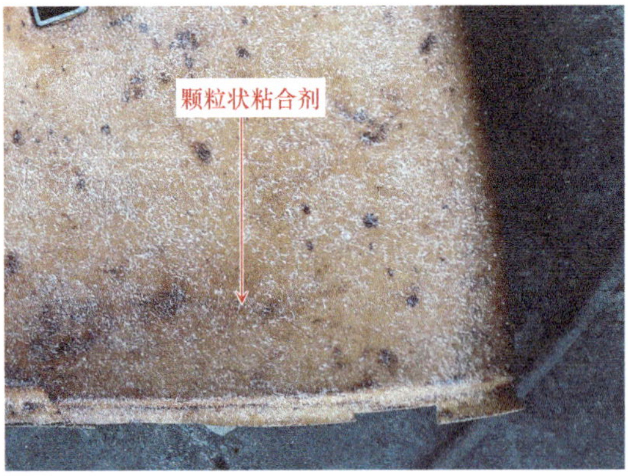

喷涂粘合剂应均匀

（3）粘合剂晾置时间的判断。

一般晾置2～3 min即可进行粘贴。如遇到温度低、湿度大的天气晾置时间适当延长，但晾置时间也不宜过长，以用手接触粘合剂不会粘下胶为准。此外，千万不要喷粘合剂后未经晾置就进行粘贴。

13. 仪表台翻新

修整仪表台表层损坏

（1）首先从车上拆下仪表台，然后对原来仪表台表层损坏的部位进行修整。

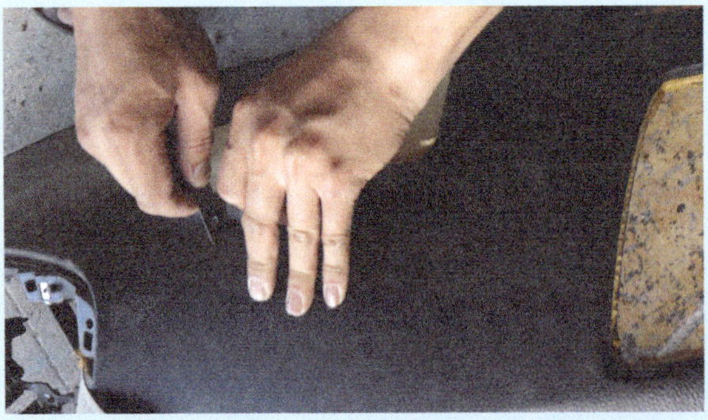

修整仪表台表层损坏的部位

（2）使用刮灰刀将仪表台专用的填充剂和固化剂按照一定的比例搅拌均匀。注意准备的填充剂数量不宜过多，够用即可。

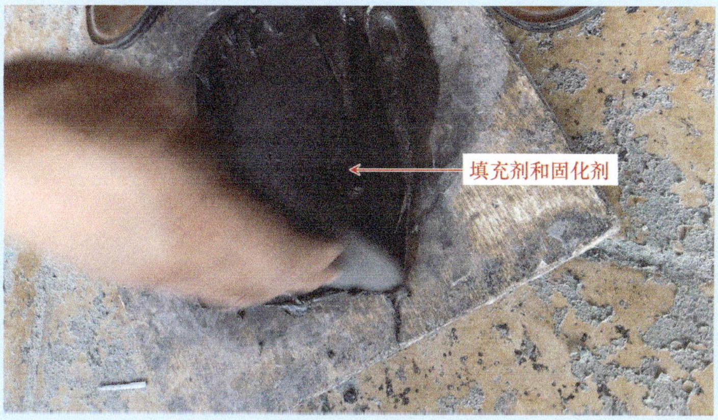

搅拌均匀填充剂和固化剂

（3）使用刮灰刀将填充剂涂抹在仪表台损坏的位置。

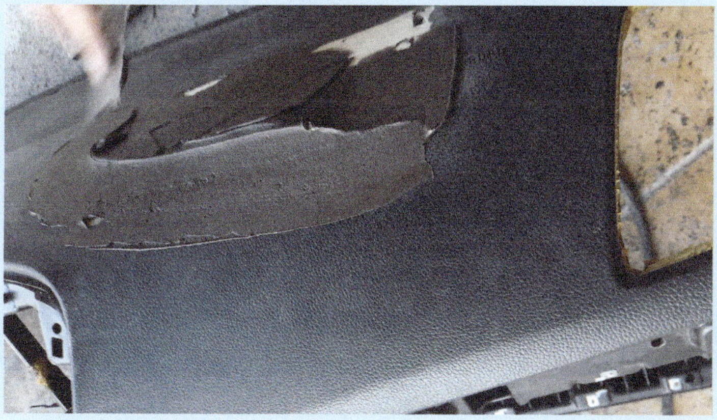

将填充剂涂抹在仪表台损坏的位置

填补损伤区域

（4）等待仪表台的填充剂干燥后，使用打磨机对其填充部位进行打磨光滑。

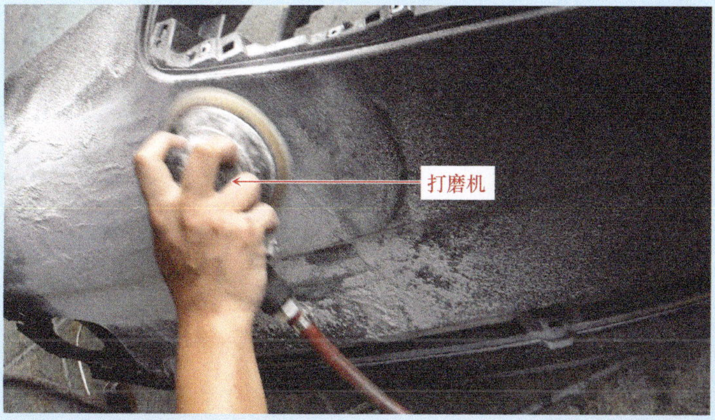

使用打磨机打磨填充部位

打磨填充部位

再次涂抹填充剂

（5）再次使用填充剂将仪表台损坏的位置修整光滑。

再次涂抹填充剂

打磨光滑仪表台

（6）等待仪表台的填充剂干燥后，使用砂纸对填充部位及其他部位打磨光滑。

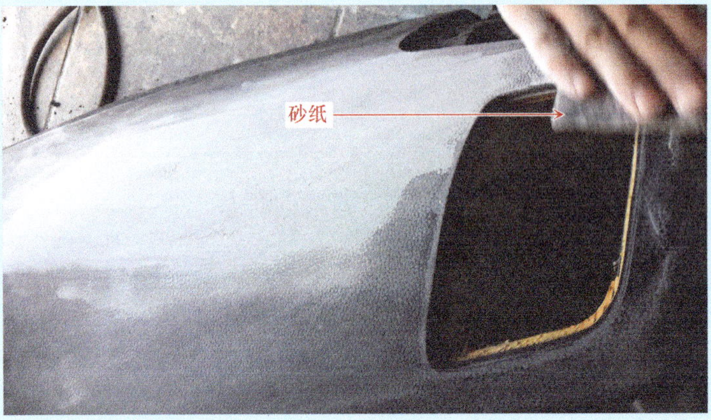

打磨光滑仪表台

仪表台表面涂抹 502 胶水

（7）清洁干净仪表台上的打磨粉尘，然后使用 502 胶水在仪表台表面均匀涂一层，目的是增加仪表台的硬度。

仪表台表面涂抹502胶水

（8）使用压缩风枪将仪表台表面的粉尘吹干净，根据仪表台的面积测量包皮材料。

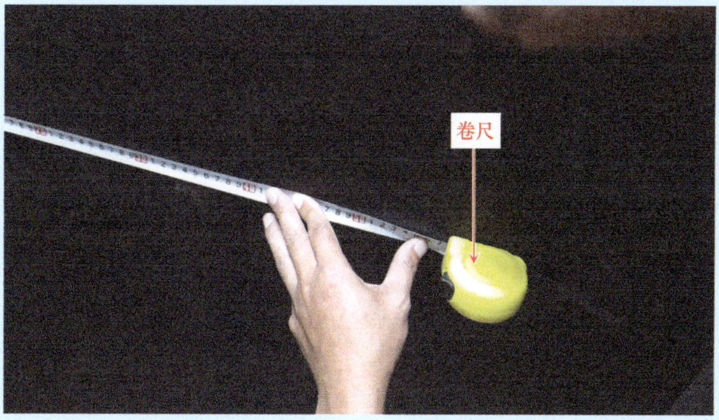

测量包皮材料

（9）根据测量来裁剪包皮材料。

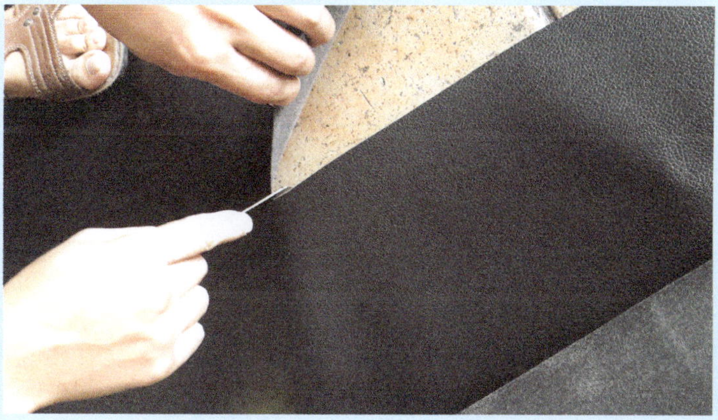

裁剪包皮材料

（10）在仪表台表面喷上一层喷胶，然后让其自然干燥（用手接触喷胶感觉不会粘下胶为准）。

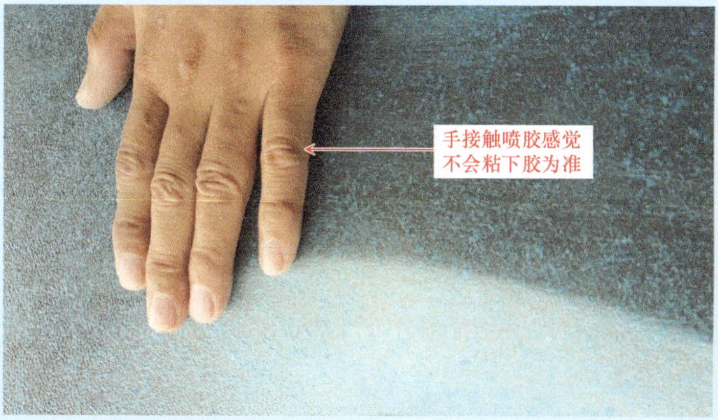

在仪表台表面喷上一层喷胶

裁剪包皮材料

包皮材料反面喷上喷胶

（11）在包皮材料的反面喷上一层喷胶，然后让其自然干燥。

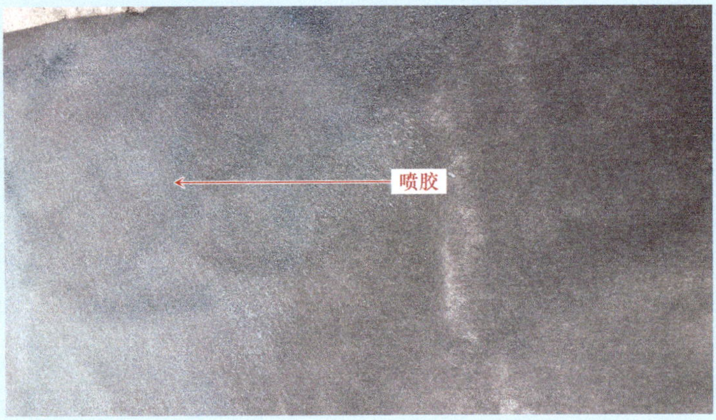

包皮材料反面喷上喷胶

仪表台覆上包皮材料

（12）在仪表台表面覆上一层喷有喷胶的包皮材料。

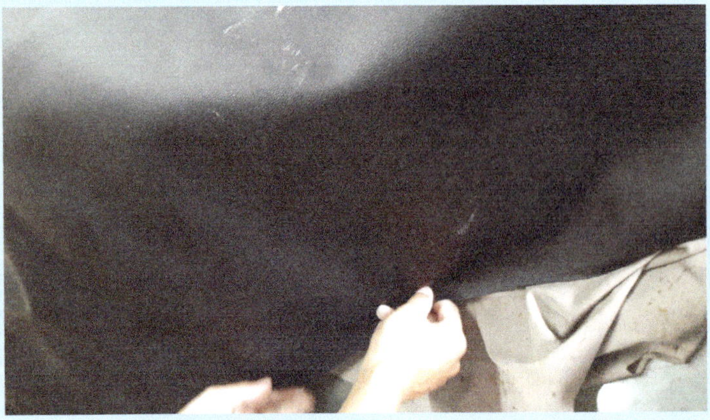

覆上喷有喷胶的包皮材料

粘贴包皮层

（13）使用热风枪一边加热包皮材料，一边用手抹平包皮层。使用热风枪加热的目的是使之前喷的喷胶恢复原来的黏结性能。

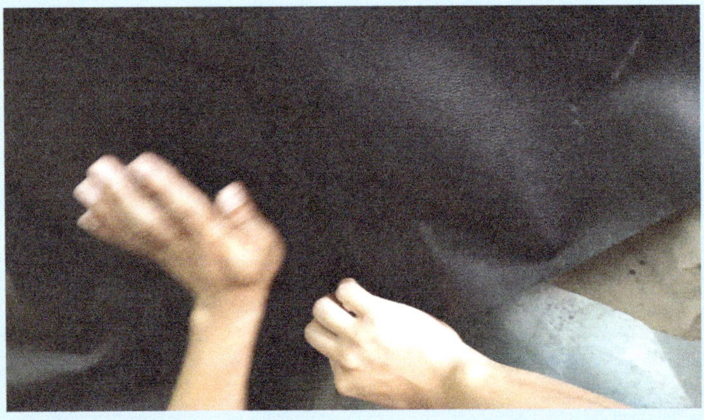

抹平包皮层

（14）使用专用的工具对边或角进行收边处理。

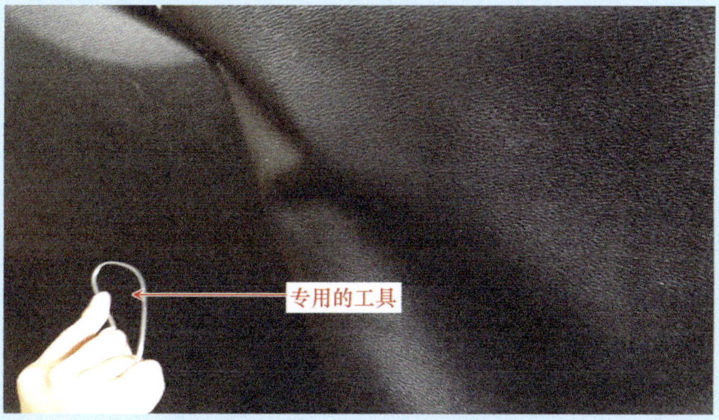

收边处理

（15）用锋利的刀片小心地切掉多余的包皮材料即可完成仪表台的翻新。

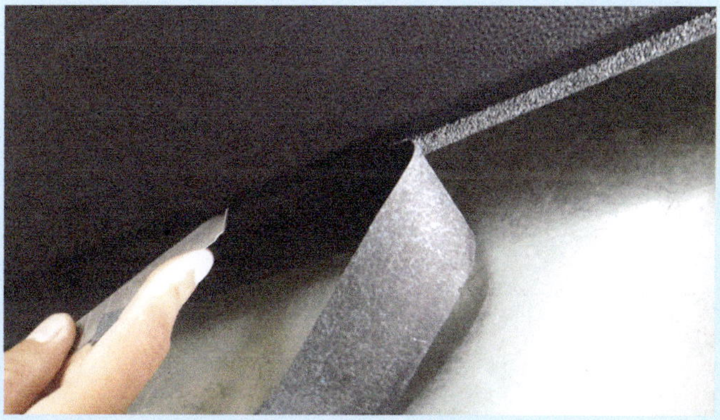

切掉多余的包皮材料

14. 真皮座椅翻新

（1）首先将真皮座椅清洁干净，然后在真皮座椅周围贴上遮蔽纸，主要避免喷色漆时将车内的其他部件弄脏。

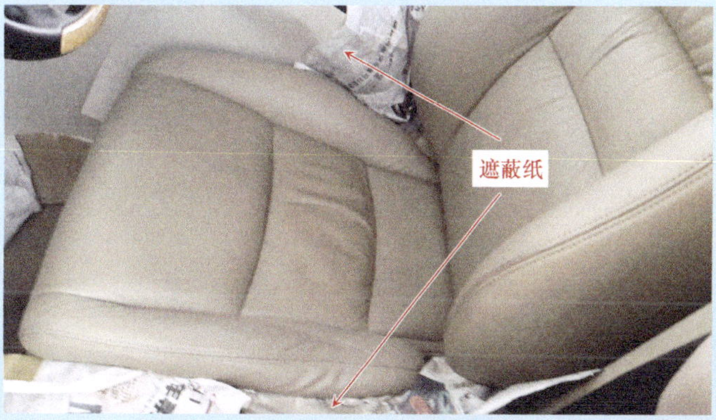

真皮座椅周围贴上遮蔽纸

调色漆

（2）根据真皮座椅的颜色来调色漆。当调出色漆颜色与原色吻合度达到 90% 左右时，将所调的色漆进行试喷，如果发现所调的色漆与原真皮座椅颜色不一致时，则需要进行微调，直到所调色漆与原真皮座椅颜色一致为止。

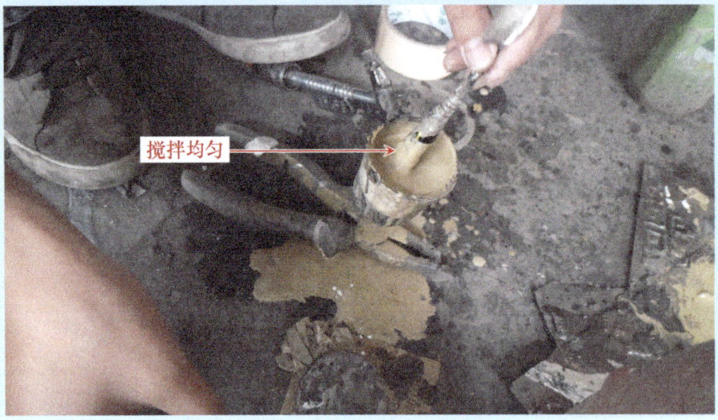

调色漆

喷色漆

（3）用喷枪来回均匀地喷上色漆使其遮盖住整个真皮座椅的表面。

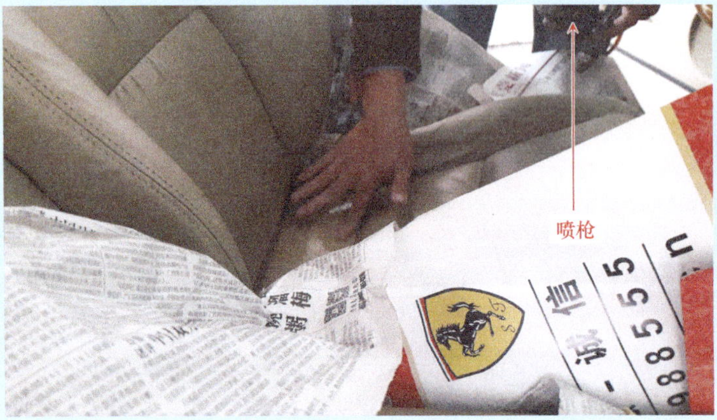

真皮座椅的表面喷色漆

加热真皮座椅

（4）用热风枪加热真皮座椅的表面，使色漆加速干燥。

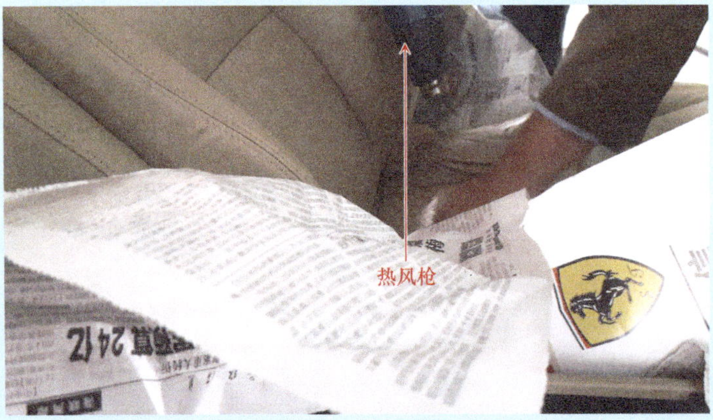

用热风枪加热真皮座椅

（5）当真皮座椅表面完全干燥后将遮蔽纸撕开，真皮座椅将会变得亮丽如新。

真皮座椅翻新效果

15. 转向盘翻新

（1）将转向盘清洁干净，然后将转向盘周围及转向盘标志、转向盘镀铬件贴上遮蔽纸，主要避免喷色漆时将这些部件弄脏。

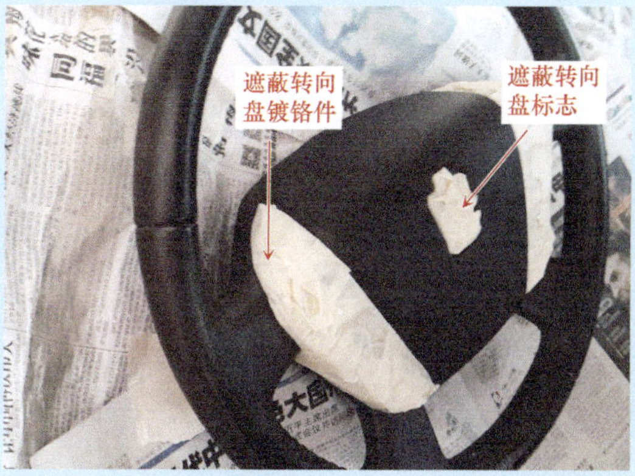

粘贴遮蔽纸

（2）根据转向盘的颜色来调色漆，然后将其倒入喷枪内，均匀地将色漆喷在转向盘周围及安全气囊盖表面。

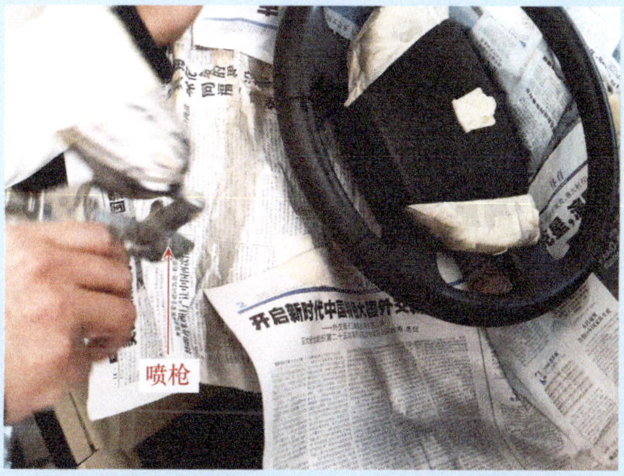

转向盘喷色漆

转向盘喷色漆

（3）当色漆表面完全干燥后将遮蔽纸撕开，然后在转向盘表面喷上仪表蜡即可恢复原来的光泽。

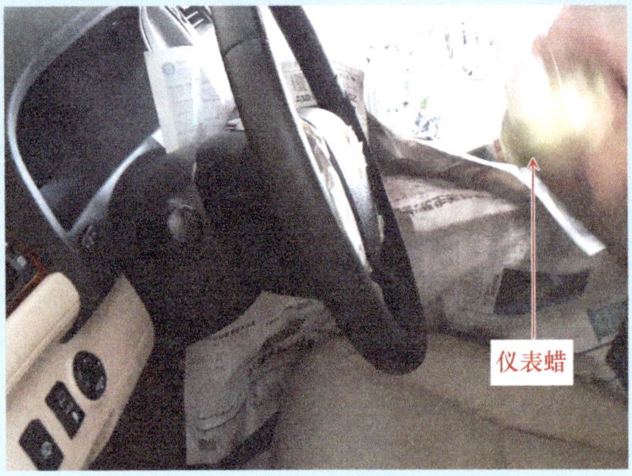

转向盘表面喷上仪表蜡

16. 转向盘镀铬件翻新

（1）将转向盘镀铬件清洁干净，然后在镀铬件周围贴上遮蔽纸，主要避免喷色漆时将转向盘的其他部件弄脏。

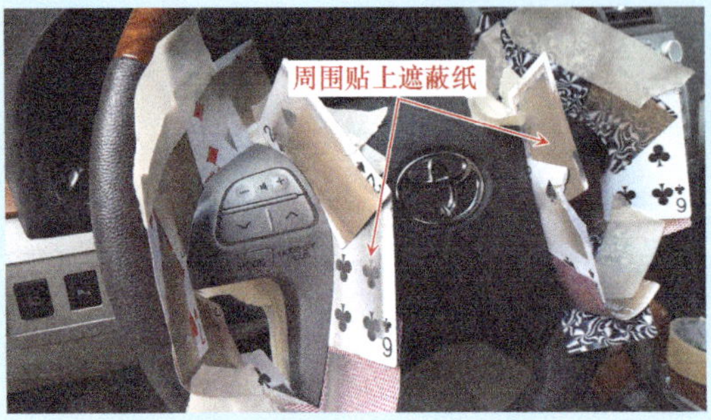

遮蔽转向盘镀铬件周围

（2）根据转向盘镀铬件的颜色来调色漆，然后将其倒入喷枪内，最后用喷枪均匀地将色漆喷在转向盘镀铬件上。

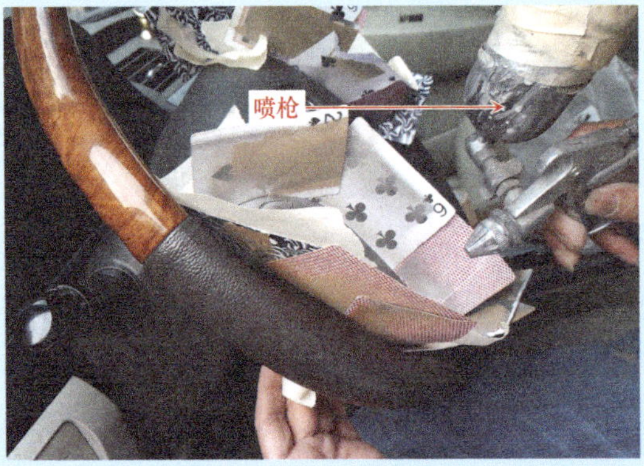

镀铬件喷色漆

转向盘镀铬件喷色漆

（3）当转向盘镀铬件色漆表面完全干燥后将遮蔽纸撕开。

撕开遮蔽纸

（4）用牙签蘸上清洁剂，小心地将每个按键标识的色漆清理干净。

清理干净按键标识上的色漆

清理按键标志上的色漆

（5）最后使用干净的棉毛巾将转向盘镀铬件清理干净即可。

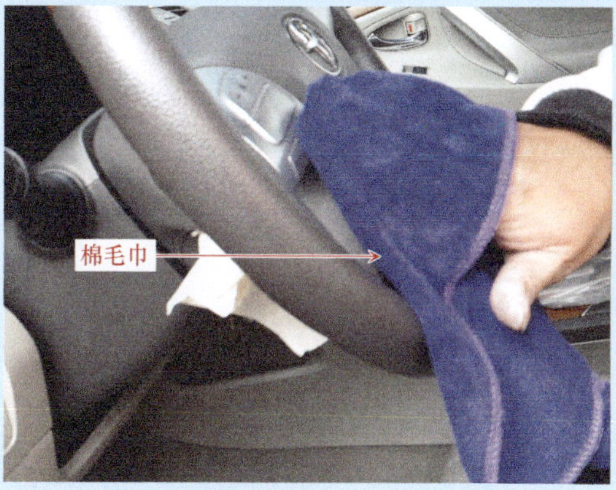

清理镀铬漆残余物

清理镀铬漆残余物

第4章 汽车装饰

17. 汽车车身改色

裁剪改色膜

(1) 首先将汽车驶入无尘车间，将车身清洗干净后，用干毛巾擦干水分；然后对车身零件进行拆卸，最后根据粘贴位置的大小对改色膜进行裁剪。

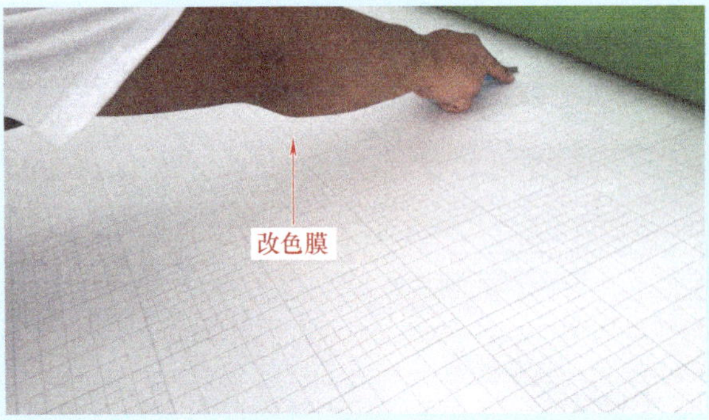

裁剪改色膜

粘贴改色膜

(2) 使用烤枪对改色膜进行加温，软化改色膜，并使用刮板进行整理，使其更好地贴在车身上。

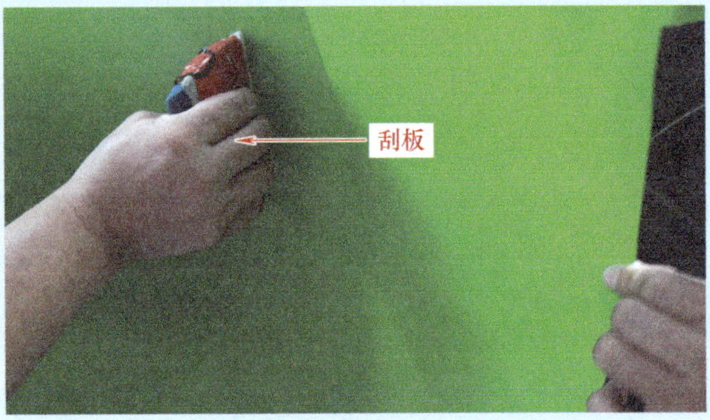

粘贴改色膜

（3）使用美工刀对特殊部位进行精细裁边，然后对边角进行收边处理。收边时为了防止其起边，对于4个车门、车顶之处需要把边收到胶条里面。

收边处理

（4）用同样的方法继续为整个车身贴改色膜，直到施工完成为止。

继续为整个车身贴改色膜

18. 车身贴拉花

（1）在粘贴部位喷上泡沫清洁剂，然后彻底清洁拉花粘贴部位，特别是附在车身上的油污。

使用清洁剂彻底清洁车身

挤干车身贴里面的水分

（2）在粘贴前，先确定好左右位置，做好记号。采用贴车身膜的方法，用专用的喷水壶，加入清水，加以适量的洗洁精或贴膜液起到适当的润滑作用，以便车身贴可在车身上挪动。

（3）均匀喷涂车身，一边撕掉车身贴背面的保护膜，一边向贴纸喷水，以免贴纸粘连。将车身贴贴在事先确定好的位置，适当挪动，达到最佳位置后，用刮板施以适当的力度，挤干车身贴里面的水分，直到车身贴和车身之间没有水分和气泡为止。

（4）撕掉车身贴正面的保护膜即可完成车身贴拉花的作业。

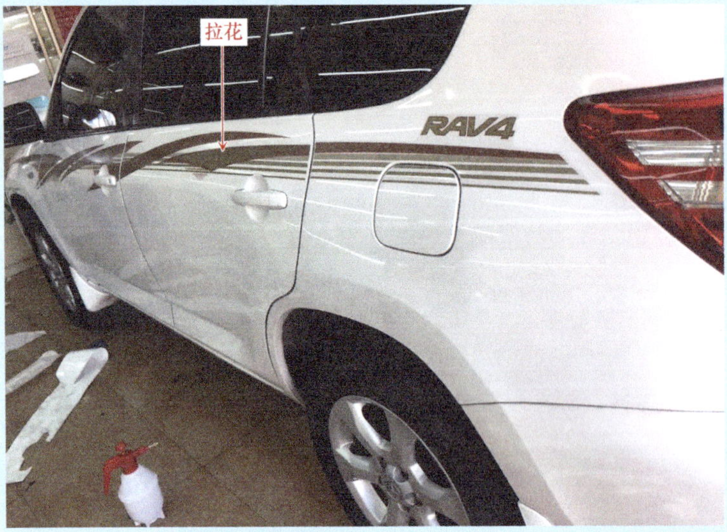

撕掉车身贴正面的保护膜

19. 更换前排座椅座套

（1）分别拆下原来座椅底座和靠背的真皮套。

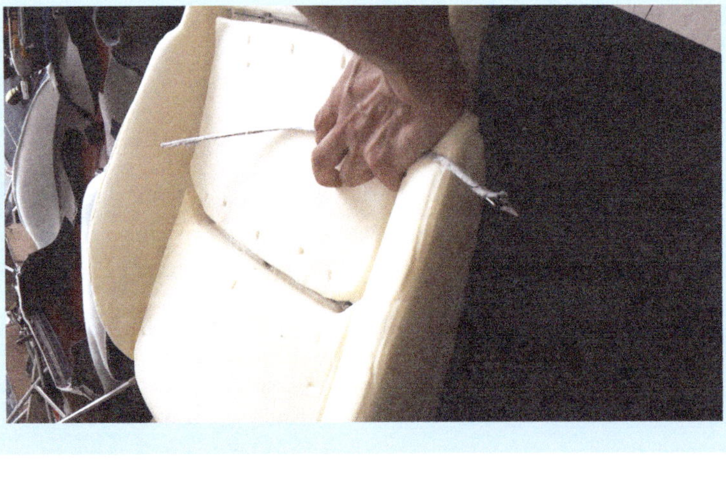

拆卸原来座椅底座和靠背的真皮套

（2）将新真皮套套在靠背海绵上，然后用专用铁扣将真皮套固定。

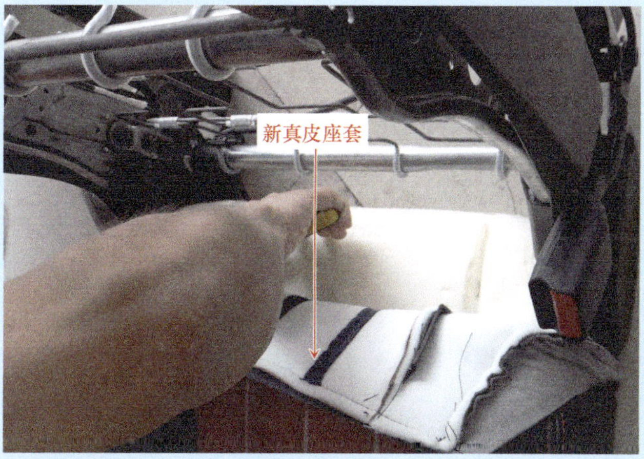

安装靠背真皮套

安装靠背真皮套

（3）将靠背真皮套的底部正面与背面的接口用专用铁扣紧固到靠背海绵上。

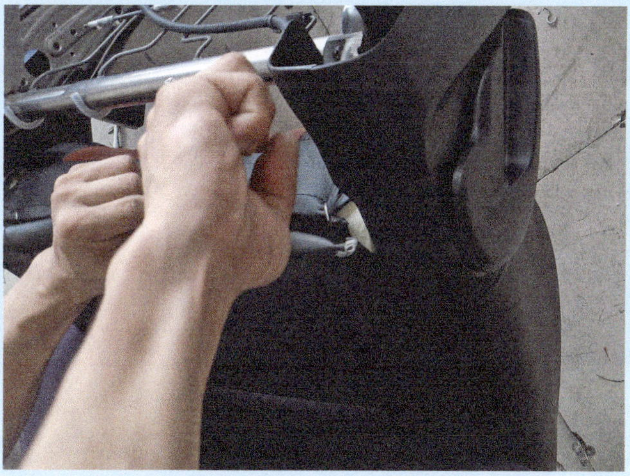

将靠背真皮座套的正面与背面固定

（4）完成座椅靠背的真皮套安装。

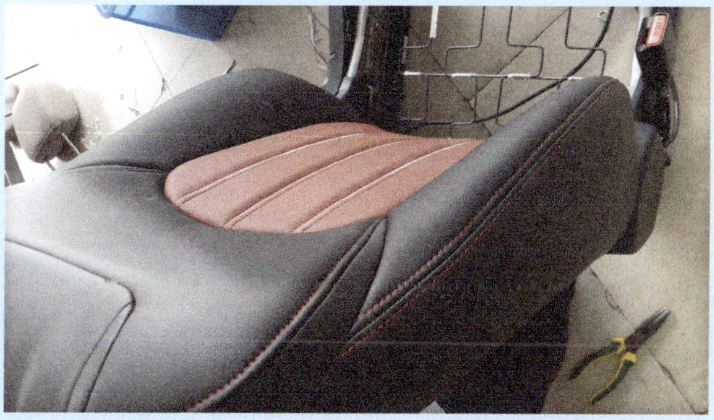

安装好的座椅靠背真皮套

安装好座椅靠背真皮套

（5）将新真皮套铺在底座海绵上。

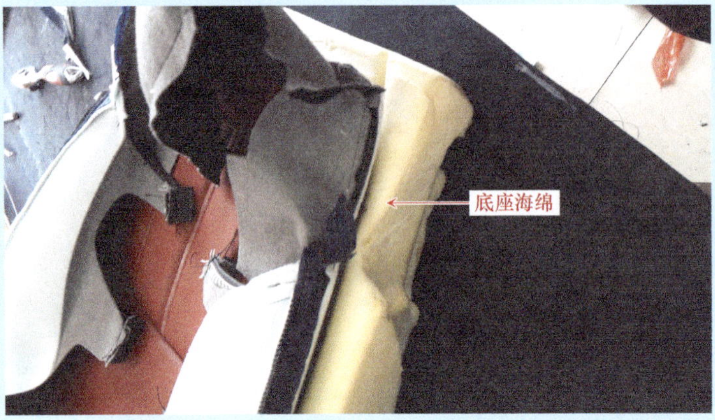

底座海绵铺上新真皮套

（6）用专用铁扣将真皮套固定到底座海绵上。

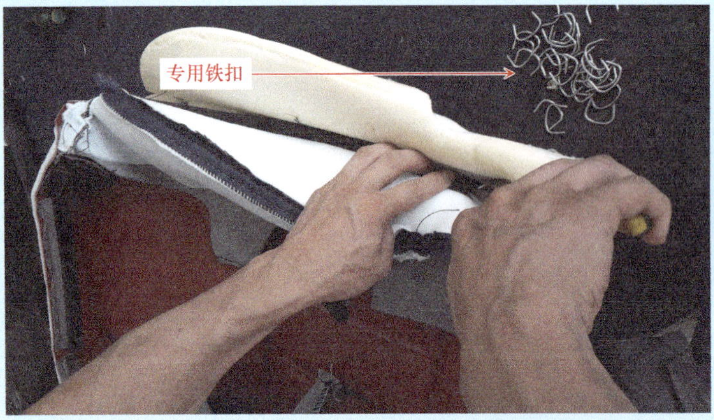

紧固真皮座套到底座海绵上

（7）将座椅底座安装到座椅支架上。

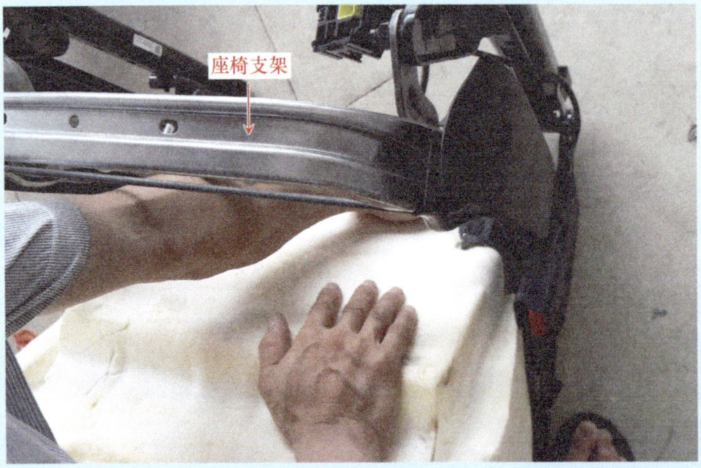

座椅底座安装到座椅支架上

（8）将真皮套固定在座椅支架上。

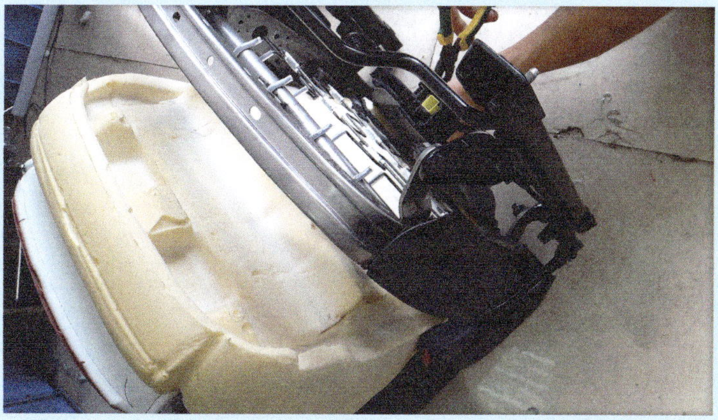

真皮套固定在座椅支架上

（9）安装好座椅底座侧边的真皮套。

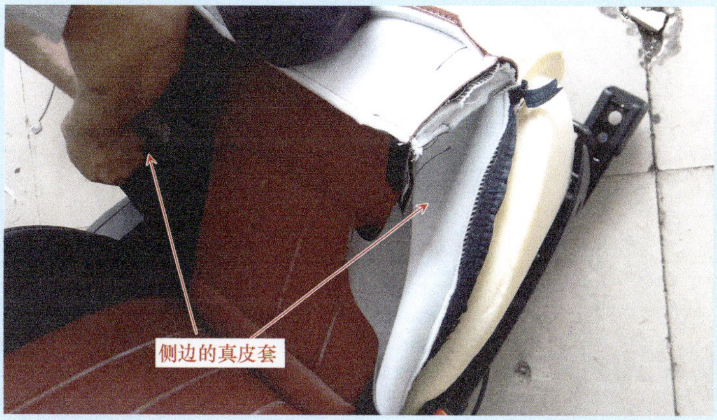

安装好座椅底座侧边座套

（10）将座椅底座正面的真皮套卡在座椅底座支架上。

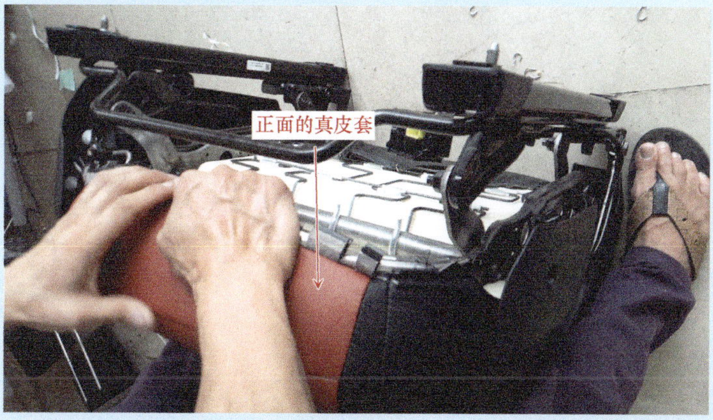

真皮套卡在座椅底座支架上

（11）安装座椅底座下护板。

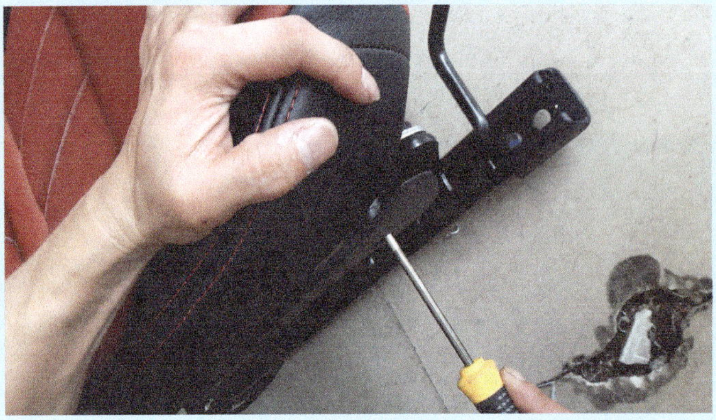

安装座椅底座下护板

（12）用剪刀修整头枕安装孔，便于安装头枕。

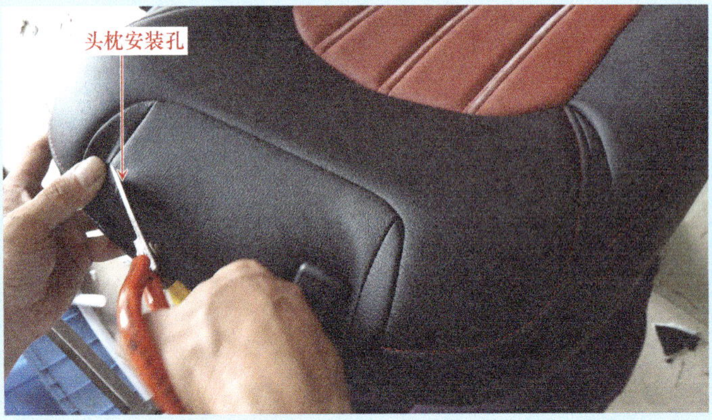

头枕安装孔
用剪刀修整头枕安装孔

安装座椅底座真皮套

20. 更换后排座椅座套

（1）分别拆下原来座椅底座和靠背的真皮套。

拆下原来座椅底座真皮套

拆下原来座椅底座真皮套

（2）将新真皮套紧固至后排海绵座垫。

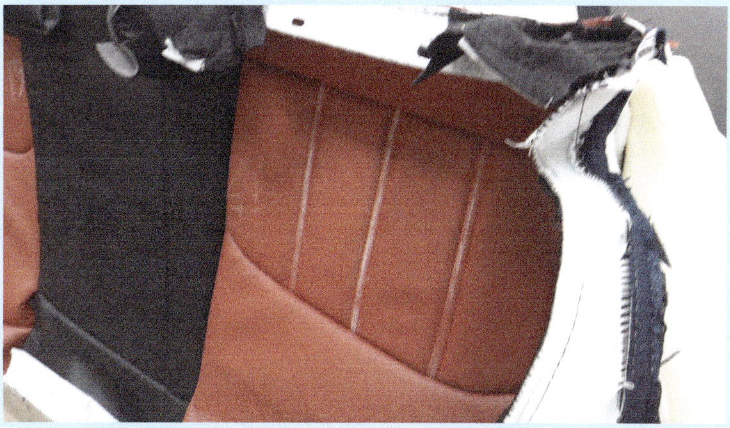

将新真皮套紧固至后排海绵座垫

（3）将真皮套沿着海绵边用铁扣固定即可完成后排座垫套的安装。

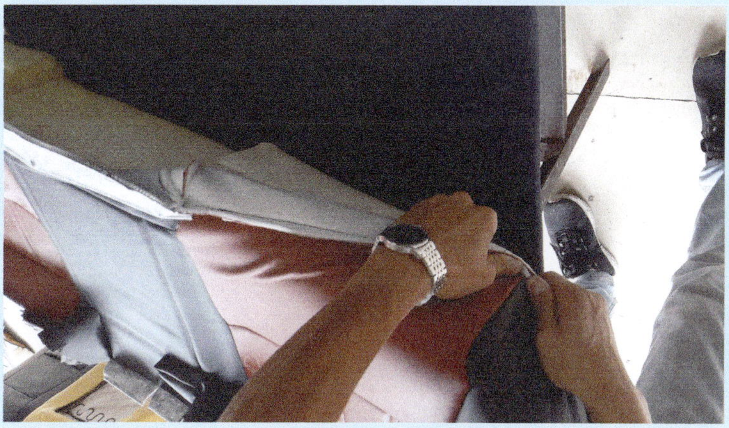

安装好后排座垫真皮套

安装好后排座垫真皮套

（4）用同样的方法安装好后排靠背正面的真皮套。

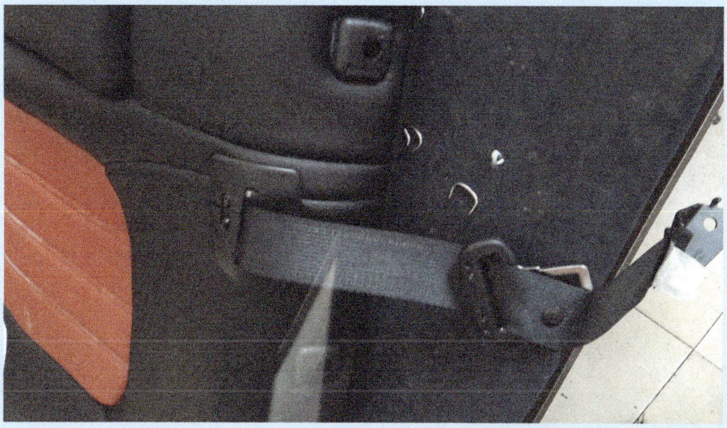

安装好后排靠背正面的真皮套

（5）安装好后排靠背背面的靠背套。

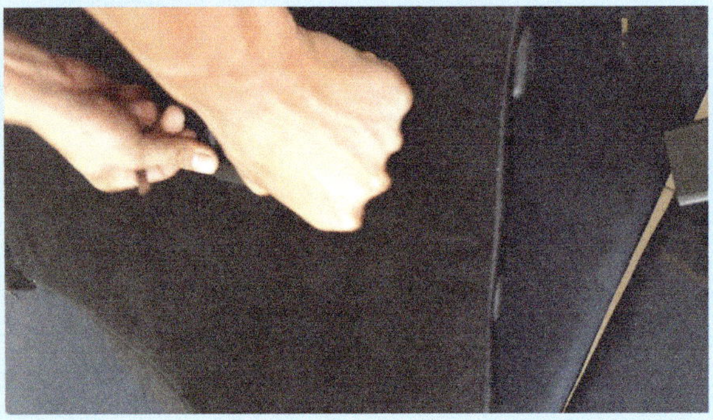

安装好后排靠背背面的靠背套

21. 更换汽车桃木饰件

（1）首先拆下车窗按键总成，然后将车窗按键的原车饰件拆下，最后将车窗按键拧紧在车窗按键的桃木饰件上。

将车窗按键拧紧在桃木饰件上

（2）将安装好桃木饰件的车窗按键总成对准安装卡口放置在车门饰板上。

车窗按键总成放置在车门饰板上

（3）用手指按压车窗按键的桃木饰件，让车窗按键总成装入到车门饰板上即可。其他3个车门的车窗按键及门拉手的桃木饰件均采用相同的方法进行替换。

按压车窗按键的桃木饰件

安装车窗按键的桃木饰件

（4）中控面板装饰框改装桃木装饰框时，应先将原来的中控面板装饰框拆下，然后按照相反的顺序安装上桃木装饰框。

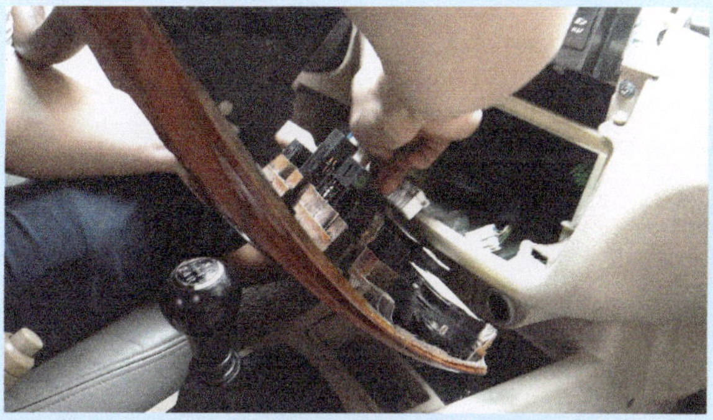

安装上桃木装饰框

（5）将桃木装饰框准确地放置在仪表台中间的卡口位置，用手指按压桃木装饰框，让桃木装饰框轻松地装入到中控台内。

安装中控面板桃木装饰框

安装中控面板桃木装饰框

22. 手缝转向盘套

（1）首先根据转向盘的幅度测量真皮材料。

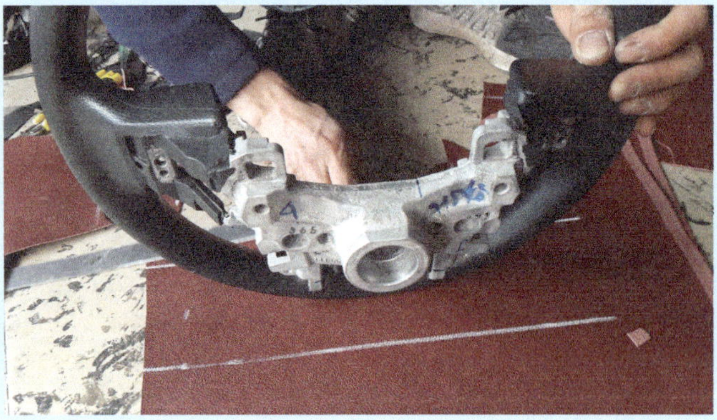

测量真皮材料

（2）使用剪刀沿着粉笔画的位置剪裁真皮材料。

剪裁真皮材料

剪裁真皮材料

（3）将剪裁下来的真皮材料包在转向盘上测试位置情况。

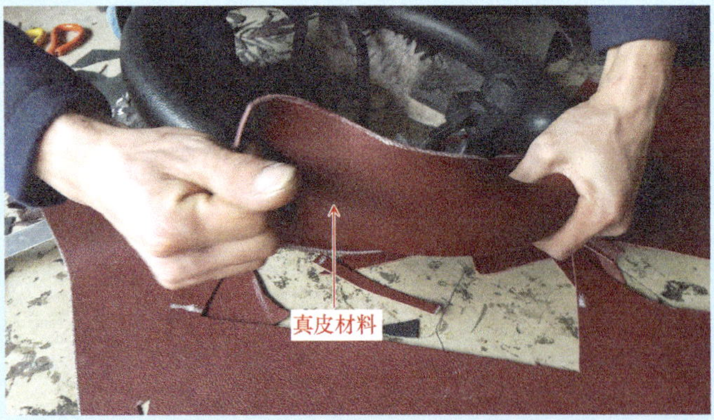

测试真皮材料位置

测试真皮材料位置

（4）继续剪裁真皮材料，然后将 3 块真皮材料用缝纫机拼接在一起即可制作成转向盘套。

继续剪裁真皮材料

继续剪裁真皮材料

（5）在制作好的转向盘套内表面涂抹上粘合剂。

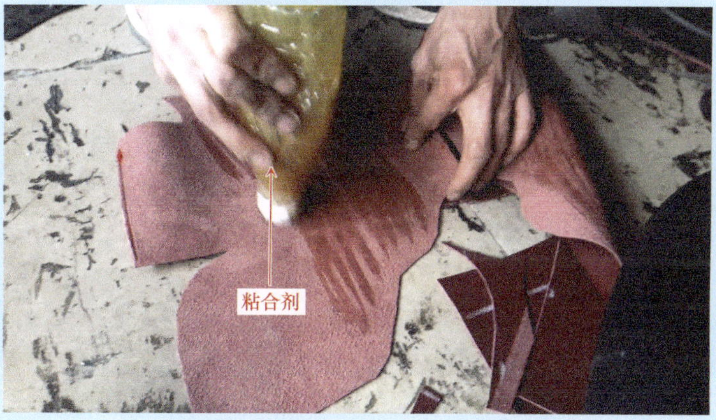

涂抹粘合剂

涂抹粘合剂

（6）在转向盘套接缝处对应的转向盘周围用小刀切一个切口，目的是让转向盘套接缝能够压入切口内。

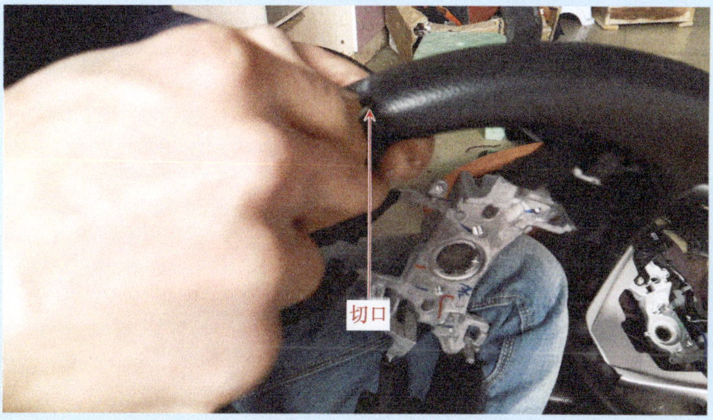

转向盘上切一个切口

制作切口

转向盘套套入转向盘

(7) 将制作的转向盘套套入转向盘，转向盘套的接缝与转向盘的切口位置要对应。

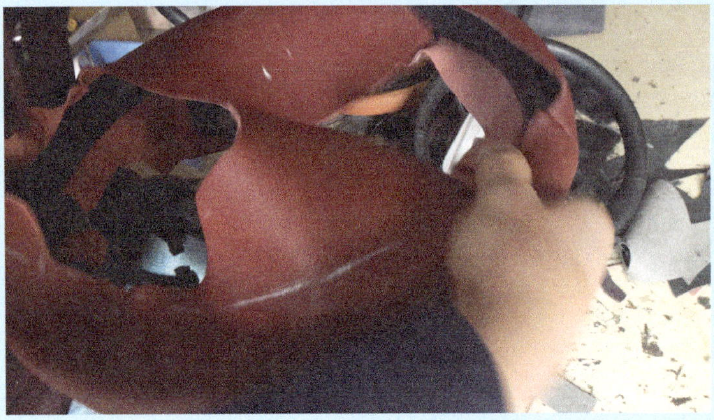

转向盘套套入转向盘

转向盘表面涂抹粘合剂

(8) 在转向盘表面均匀地涂抹上一层粘合剂。

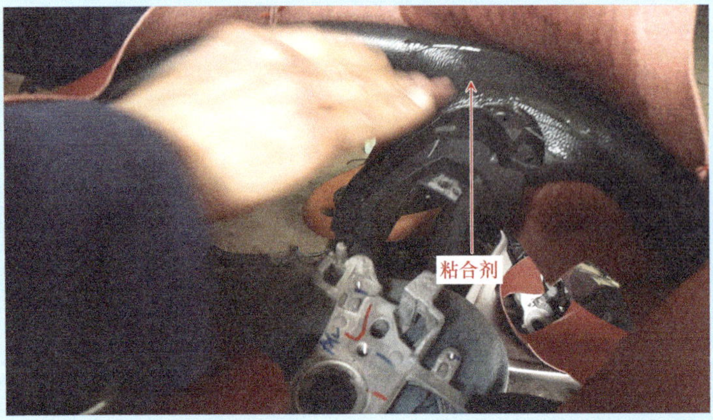

转向盘表面涂抹粘合剂

粘贴转向盘套

(9) 将转向盘套小心地粘贴到转向盘表面。

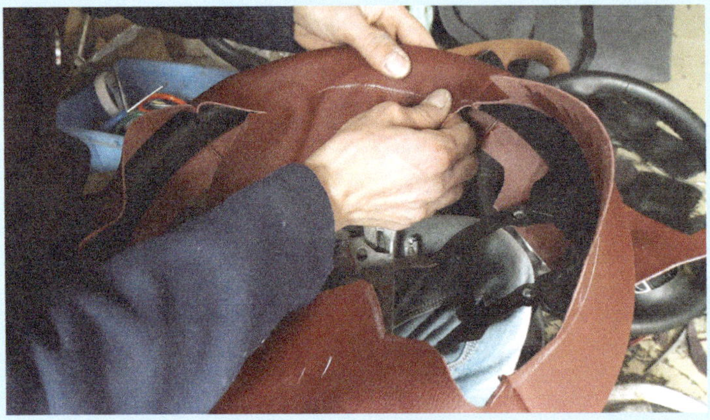

粘贴转向盘套

（10）用剪刀沿着转向盘剪切掉多余的转向盘套真皮材料。

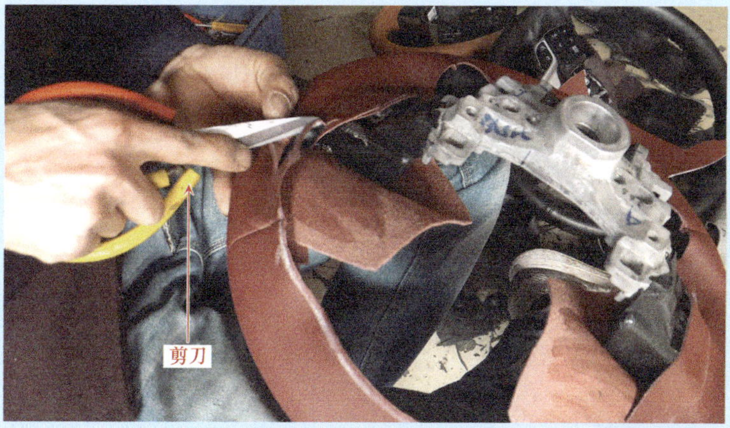

切掉多余的真皮材料

修剪转向盘套

（11）以穿鞋带的方式交叉缝制转向盘套，缝制时尽量靠近辐条位置。

交叉缝制转向盘套

交叉缝制转向盘套

（12）继续缝制转向盘套，直至将整个转向盘套缝好为止。

缝好的转向盘套

修剪转向盘套辐条处

(13) 沿着转向盘用剪刀剪掉辐条处多余的转向盘套真皮材料。

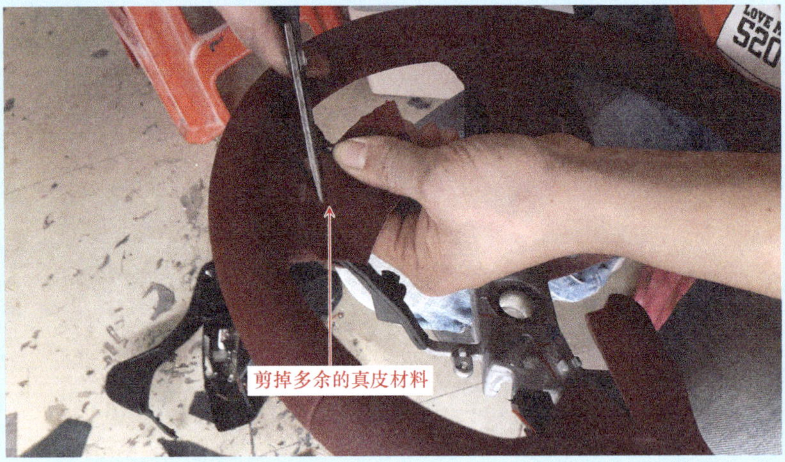

再次修剪转向盘套

(14) 安装好转向盘上的音量控制按键及其他附件。

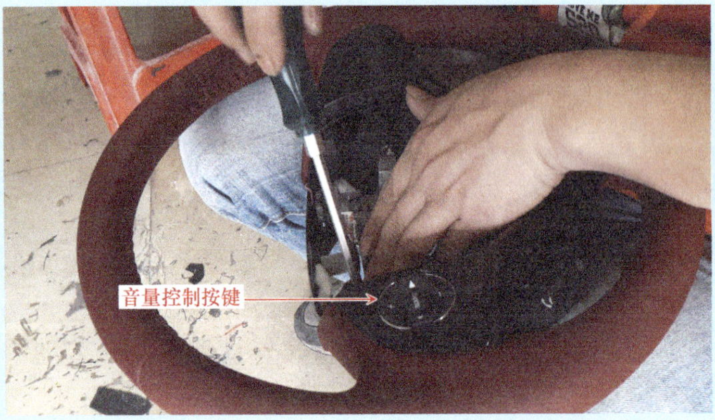

安装转向盘附件

安装转向盘附件

(15) 转向盘套缝好后的效果。

转向盘套缝好后的效果

相关知识

（1）转向盘套的套入方法。

为了使转向盘套和转向盘有很好的贴合度，转向盘套一般比转向盘略小，因此套盘时不要试图一下全套上，应先套上部，然后下部，再套左右两边即可轻松套上。

套入转向盘套的方法

（2）转向盘套的缝制方法。

转向盘套的缝制方法为分段缝制，四辐转向盘，要分为四段缝制，三辐转向盘则需分为三段缝制。每一段使用一根线，缝完后打结，剪掉多余的线头，再重新起线缝制下一段，辐条处不缝。

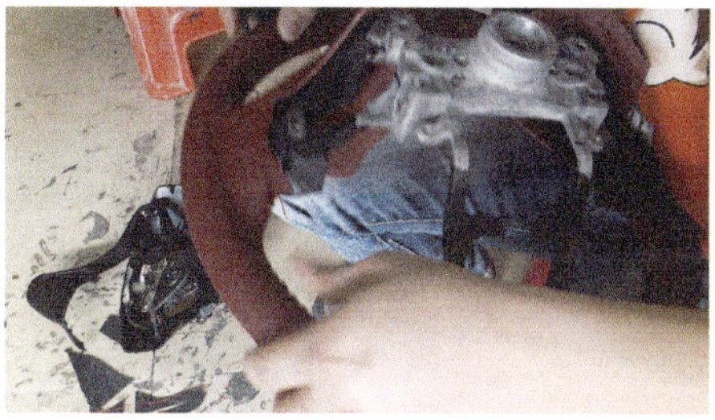

转向盘套的缝制方法

23. 更换转向盘标志

（1）首先用一块铁片将转向盘标志撬起。操作时一定注意安全，以免将转向盘气囊弄坏或气囊爆炸造成意外的事故。

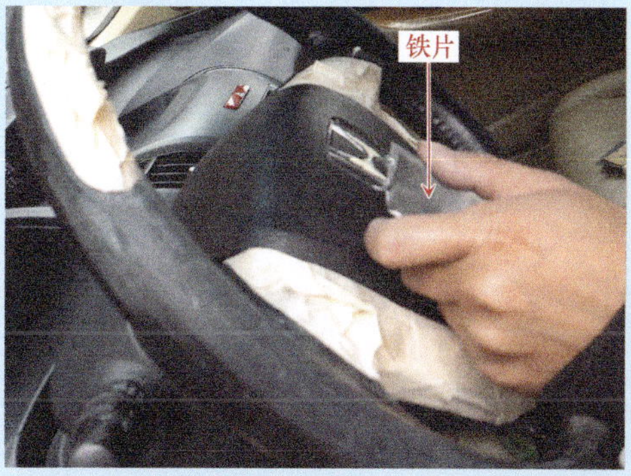

撬起转向盘标志

（2）用尖嘴钳拉起转向盘标志。

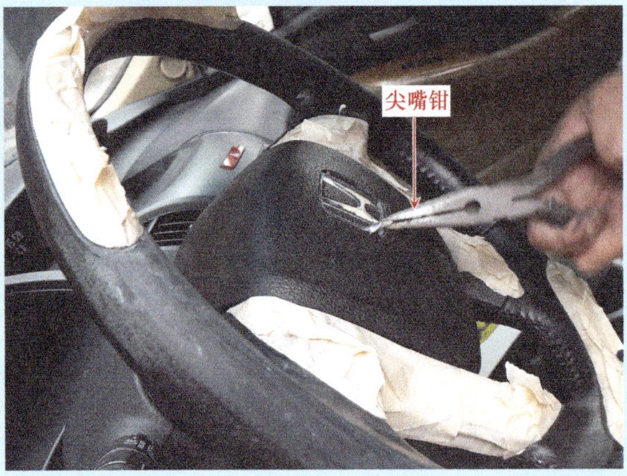

拉起转向盘标志

拆卸转向盘标志

（3）用小刀片沿着转向盘标志将转向盘标志卡脚切断，然后慢慢地将转向盘标志拔下。

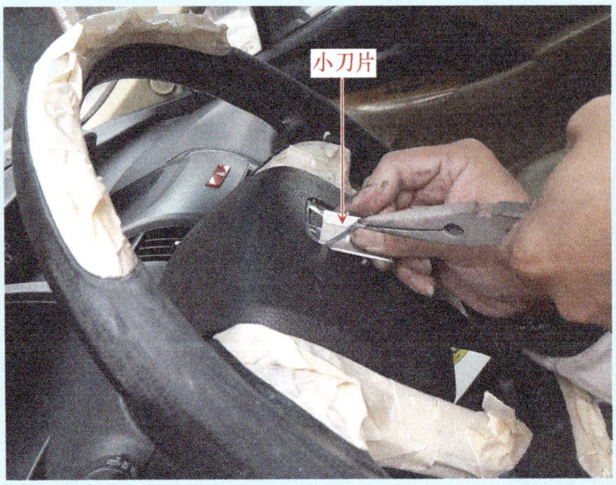

切断转向盘标志卡脚

疏通转向盘标志卡脚孔

（4）用一字螺钉旋具小心地将转向盘标志卡脚孔疏通。

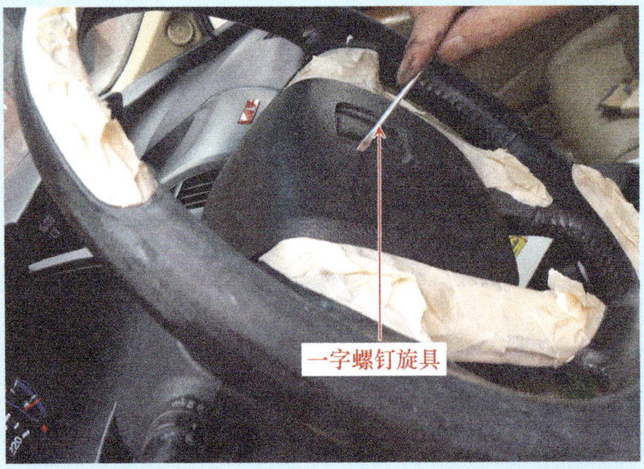

疏通转向盘标志卡脚孔

（5）安装转向盘标志之前在安装处涂上少许502胶水。

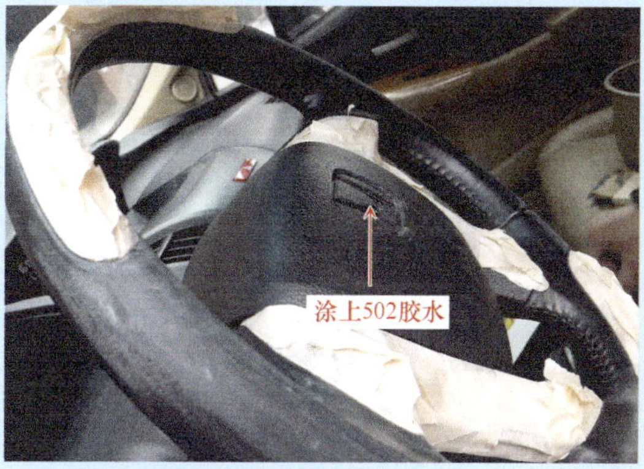

在安装处涂上少许502胶水

（6）装入新转向盘标志并将其压紧即可牢固。

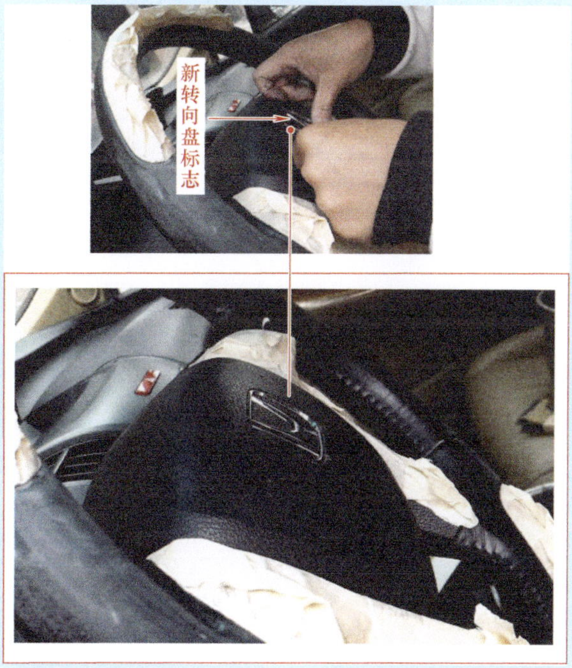

安装转向盘标志

安装转向盘标志

第5章 汽车防护

24. 车身贴膜

(1) 拆掉车身上的密封条及其他附件，便于车身贴膜。

拆掉车身上的密封条

(2) 准备好贴车身的膜。

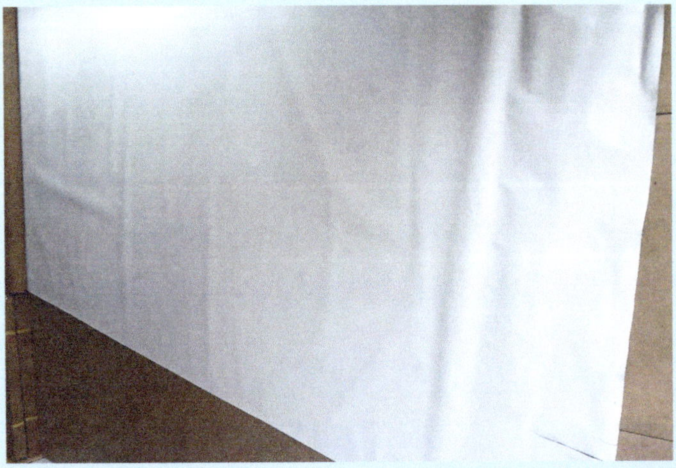

贴车身的膜

（3）测量车身顶部的位置，然后根据测量尺寸进行裁膜。

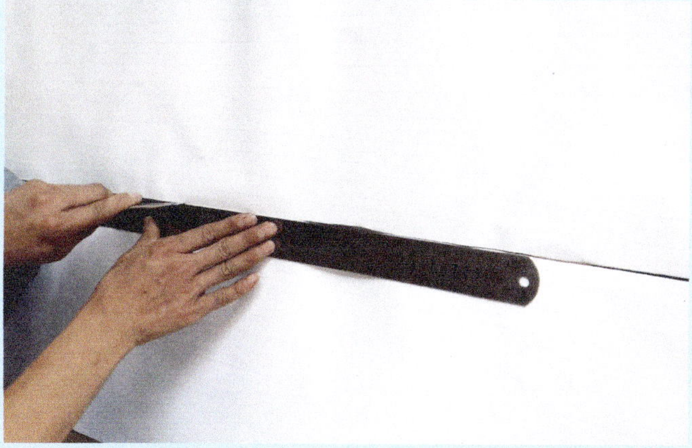

进行裁膜

裁膜

（4）使用清洁剂将车身表面清洁干净，确保粘贴表面无泥砂、油渍。

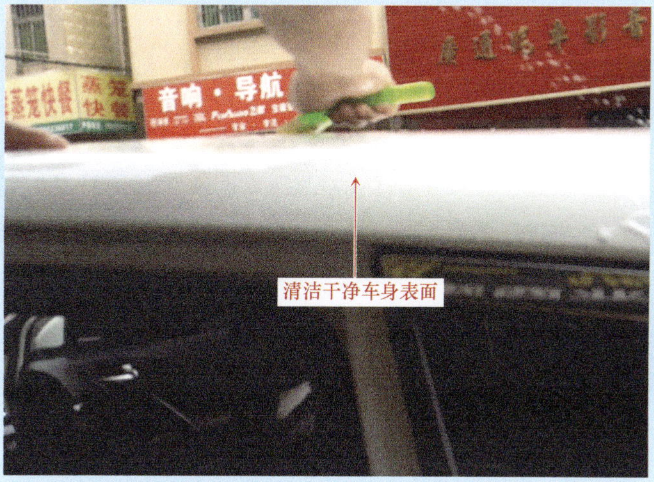

清洁干净车身表面

清洁干净车身表面

（5）将车身膜铺开在车身顶部。

铺开车身膜

覆车身膜

(6) 在车顶漆面涂一层泡沫水，然后将车身膜底层的保护层撕开。

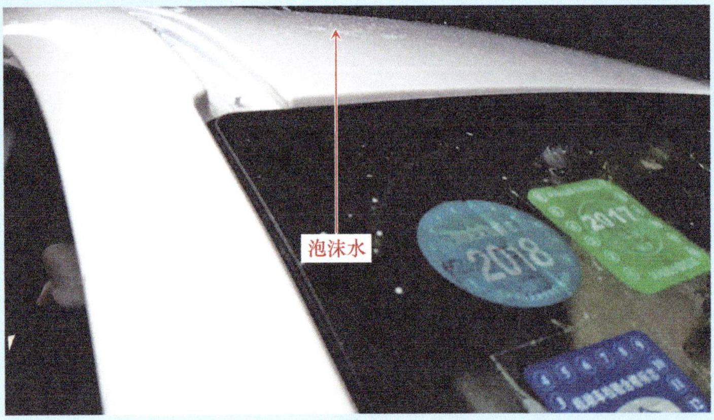

在车顶漆面涂一层泡沫水

(7) 采用热风枪对车身膜进行热定形，然后用刮板将车身膜和车顶漆面之间的水和空气赶干净即可定型。

粘贴车身膜

粘贴车身膜

(8) 用小刀沿着边缘裁掉多余车身膜。

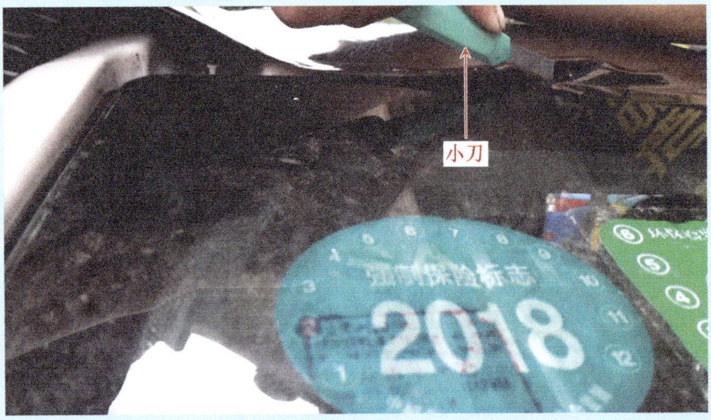

裁掉多余车身膜

（9）使用刮板进行收边处理。

收边处理

（10）撕掉车身膜最上面的一层保护层，最后将车身上的密封条及其他附件恢复安装即可完成车身膜装贴。

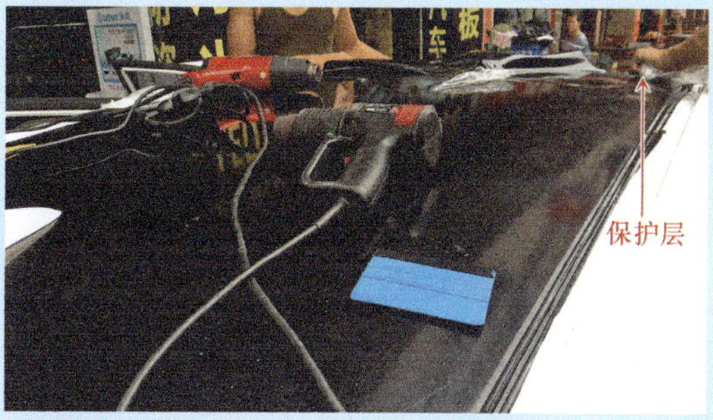

撕掉车身膜最上面的一层保护层

收尾作业

25. 前风窗玻璃贴膜

（1）首先用一块大毛巾覆盖在仪表台上，然后撕掉前风窗玻璃的保护层，接着用玻璃清洗剂均匀地喷在前风窗玻璃上，再用小刀将前风窗玻璃上的粘胶清理干净。

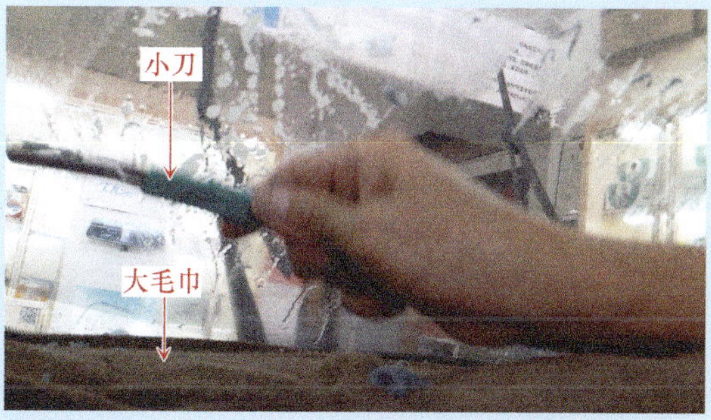

清理前风窗玻璃上的粘胶

刮前风窗玻璃上的粘胶

（2）再次用玻璃清洗剂均匀地喷在前风窗玻璃上。

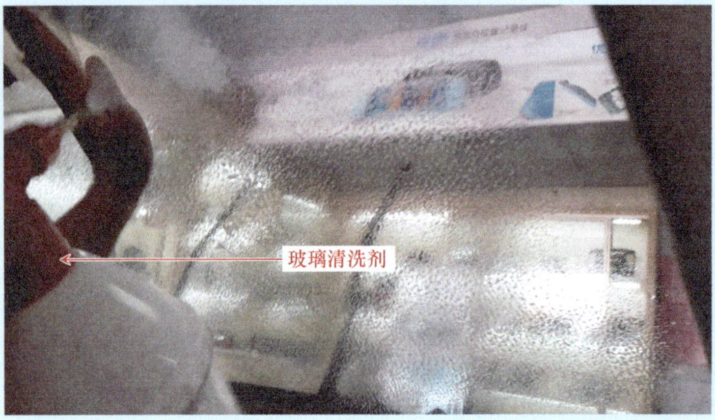

喷玻璃清洗剂

清洗前风窗玻璃粘胶

（3）用刮板将前风窗玻璃上的粘胶彻底清理干净。

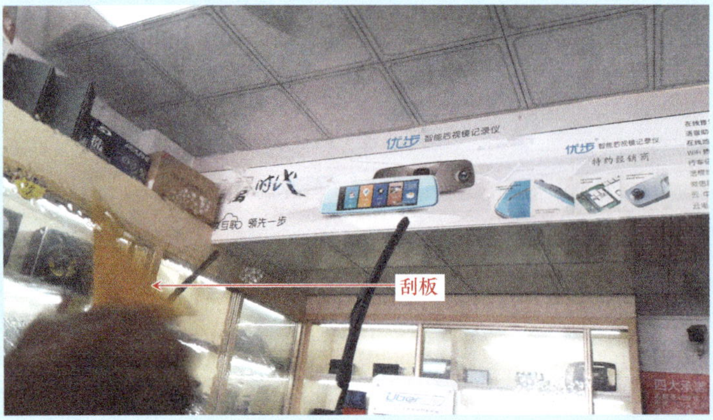

再次彻底清理干净粘胶

（4）将前风窗玻璃膜粗切为前风窗玻璃大小，然后在前风窗玻璃膜的背面喷上少量混有洗洁精的泡沫水，再将前风窗玻璃膜覆在前风窗玻璃上。

将玻璃膜覆在前风窗玻璃上

（5）用刮板将前风窗玻璃膜和玻璃之间的水赶干净即可定型。

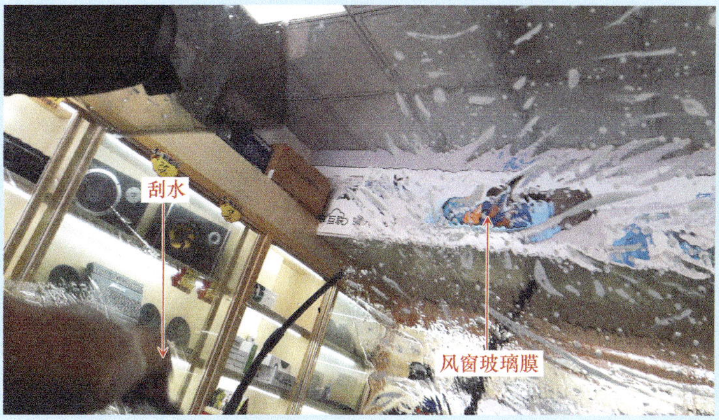

用刮板刮水

（6）检查前风窗玻璃膜的所有边缘并用刮板包裹上毛巾再次刮平即可。

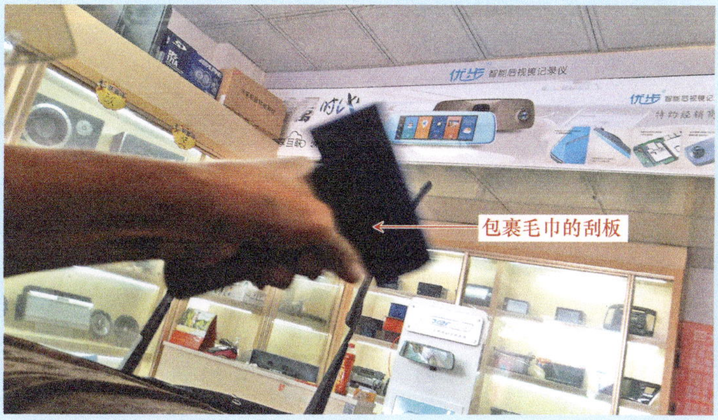

再次刮平前风窗玻璃膜

粘贴前风窗玻璃膜

26. 后风窗玻璃贴膜

（1）用一块大毛巾覆盖在后窗台上，避免弄脏后窗台。

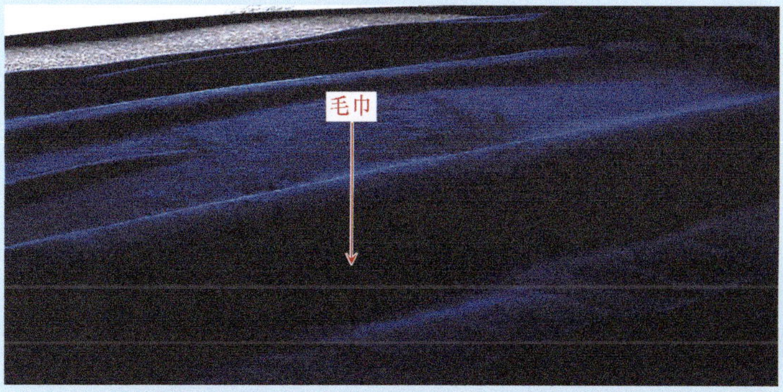

覆盖一块大毛巾在后窗台

撕掉后风窗玻璃的保护层

(2) 两手用力撕掉后风窗玻璃的保护层。

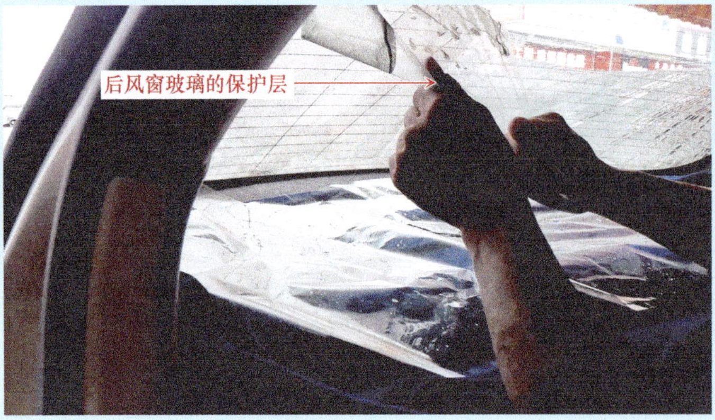

撕掉后风窗玻璃的保护层

(3) 用玻璃清洗剂均匀地喷在后风窗玻璃上。

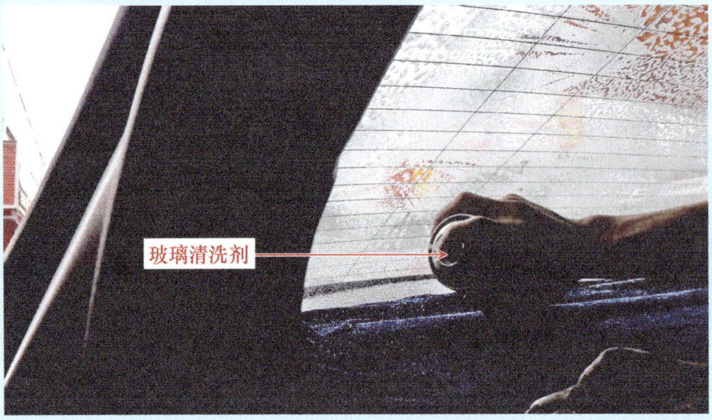

均匀喷玻璃清洗剂

清理后风窗玻璃粘胶

(4) 用刮板将后风窗玻璃上的粘胶清理干净。

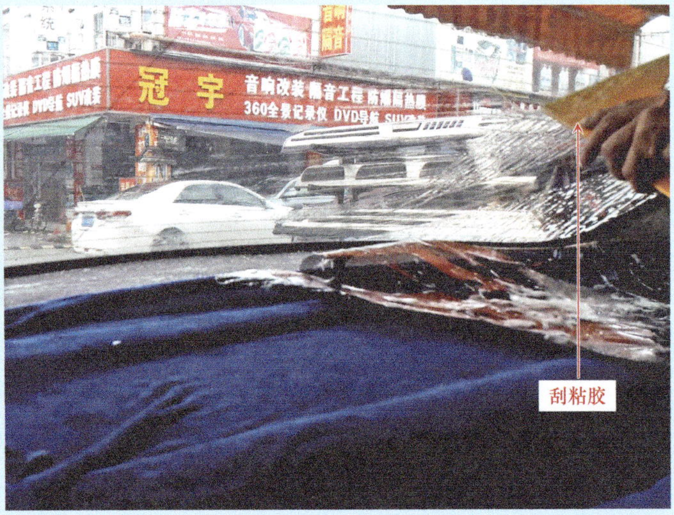

用刮板清理粘胶

(5) 用刮板包裹上毛巾再次擦拭干净粘胶。

擦拭干净粘胶

(6) 用玻璃清洗剂和刮刀将后风窗玻璃及其边缘反复清洁干净。

反复清洁干净后风窗玻璃

反复清洁干净后风窗玻璃

(7) 将后风窗玻璃膜切为后风窗玻璃大小，然后将其拿到后窗台内。

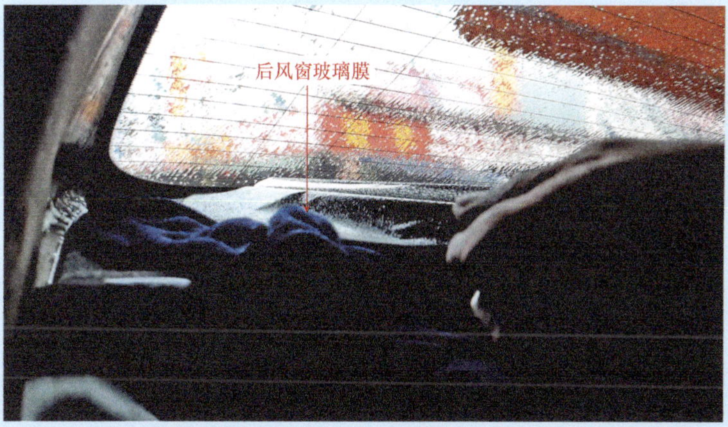

准备后风窗玻璃膜

(8) 撕开后风窗玻璃膜的底层保护层，然后在玻璃膜的背面喷上少量混有洗洁精的泡沫水。

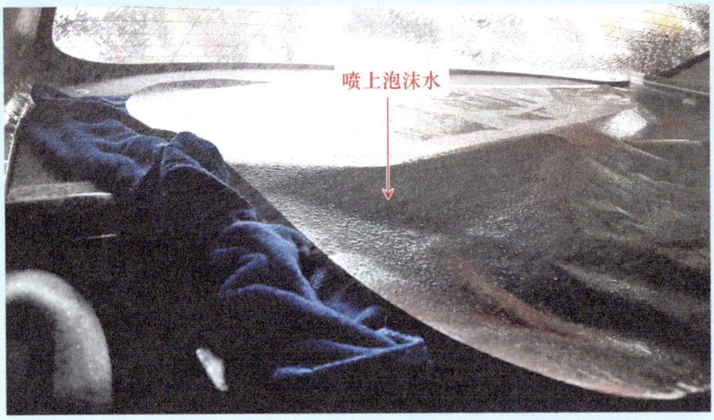

在风窗玻璃膜的背面喷上泡沫水

(9) 将后风窗玻璃膜覆在后风窗玻璃上。

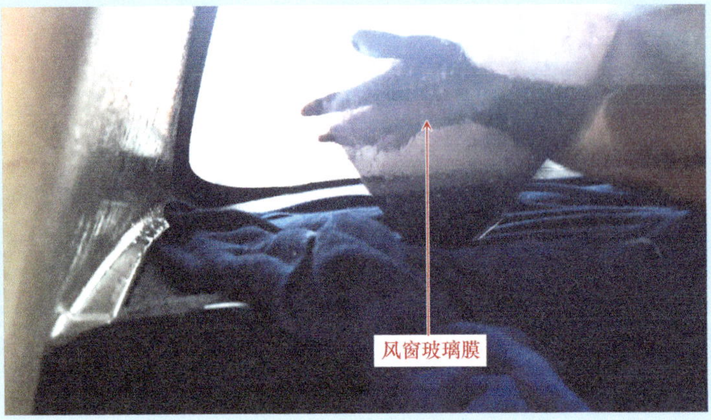

覆上后风窗玻璃膜

(10) 撕掉后风窗玻璃膜最外面的一层保护层。

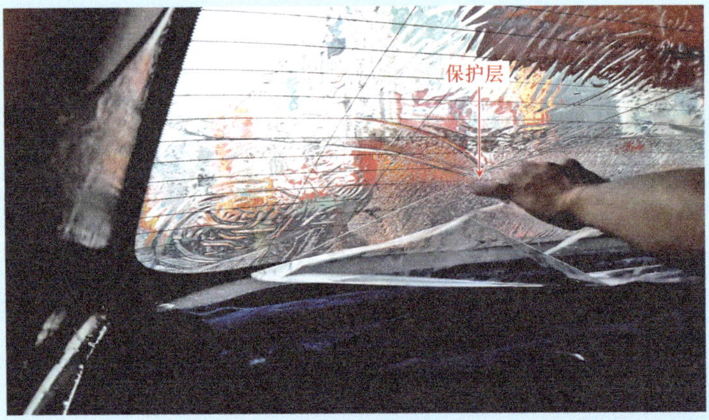

撕掉后风窗玻璃膜保护层

（11）用刮板将后风窗玻璃膜和玻璃之间的水赶干净即可定型。

用刮板将后风窗玻璃膜定型

（12）检查后风窗玻璃膜的所有边缘并用刮板包裹上毛巾再次刮平即可。

用刮板包裹上毛巾再次刮平

粘贴后风窗玻璃膜

27. 侧窗玻璃贴膜

（1）两手用力撕掉侧窗玻璃的保护层。

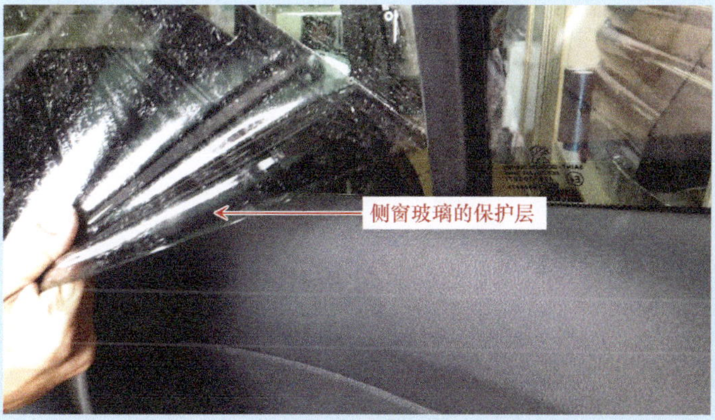

撕掉侧窗玻璃的保护层

撕掉侧窗玻璃的保护层

玻璃清洗剂喷在侧窗玻璃上

(2) 将玻璃清洗剂均匀地喷在侧窗玻璃上。

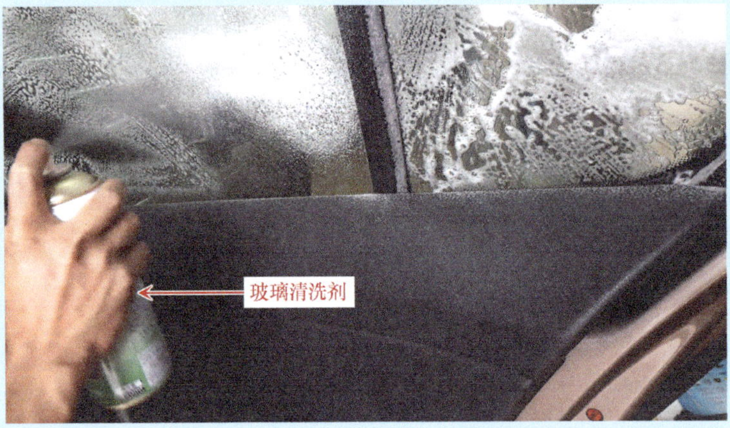

玻璃清洗剂喷在侧窗玻璃上

剪裁侧窗玻璃膜

(3) 将侧窗玻璃膜粗切为玻璃大小。

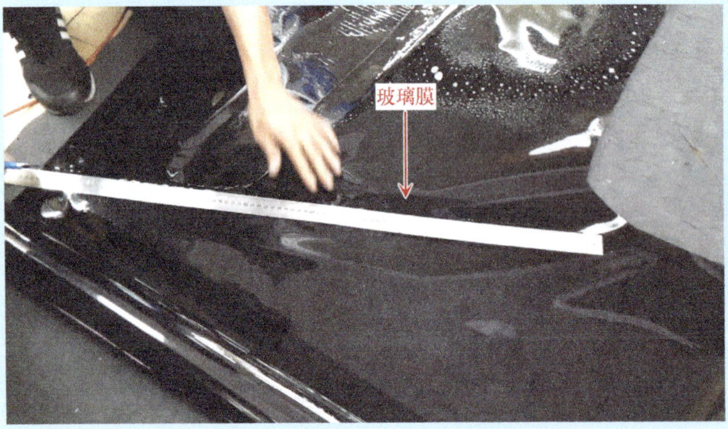

剪裁侧窗玻璃膜

清理侧窗玻璃上的粘胶

(4) 等待粘胶被溶解后用刮刀将侧窗玻璃上的粘胶清理干净。

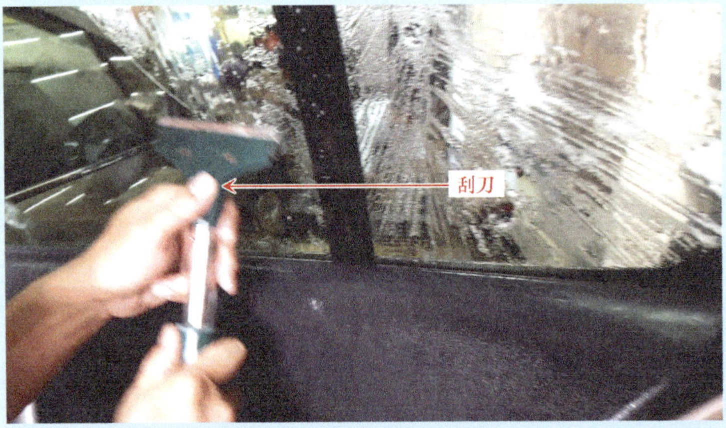

清理侧窗玻璃上的粘胶

（5）用刮刀包裹上毛巾再次擦拭干净粘胶。

再次擦拭干净粘胶

（6）将侧窗玻璃膜覆盖在侧窗玻璃外侧。

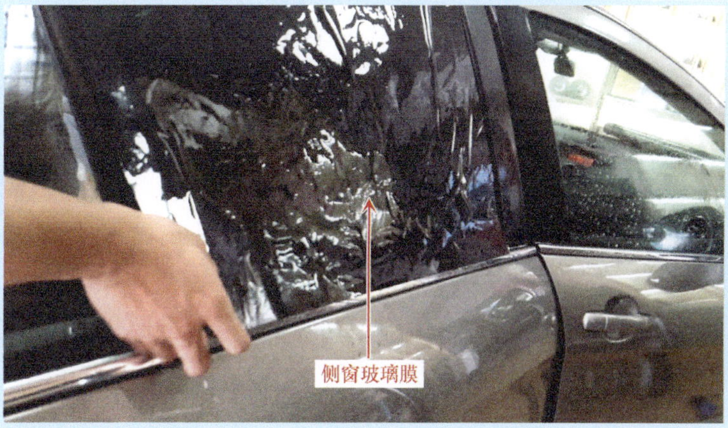

将侧窗玻璃膜覆盖在侧窗玻璃外侧

（7）用热风枪吹侧窗玻璃膜，使其精确地收缩定形，同时用刮板进行抹平，并精确裁膜。

用热风枪收缩定形

用热风枪收缩定形

再次刮洗
侧窗玻璃

(8) 再次喷上玻璃清洗剂，然后用刮板将侧窗玻璃刮洗干净。

再次刮洗侧窗玻璃

棉毛巾包住刮板
擦拭干净水珠

(9) 用棉毛巾包住刮板，然后擦拭干净侧窗玻璃的水珠。

棉毛巾包住刮板擦拭干净水珠

在侧窗玻璃表面
喷上泡沫水

(10) 在侧窗玻璃表面喷上少量混有洗洁精的泡沫水。

在侧窗玻璃表面喷上泡沫水

（11）撕开侧窗玻璃膜的一部分底层保护层，然后对侧窗玻璃进行覆膜。

对侧窗玻璃进行覆膜

（12）用刮板将侧窗玻璃膜和玻璃之间的水赶干净即可定型。

用刮板将侧窗玻璃膜刮平

（13）撕开侧窗玻璃膜的全部底层保护层。

撕开侧窗玻璃膜全部底层保护层

粘贴侧窗玻璃膜

（14）将侧窗玻璃膜放入车窗缝隙中。

将侧窗玻璃膜放入车窗缝隙中

（15）用刮板将车窗缝隙中的侧窗玻璃膜刮平。

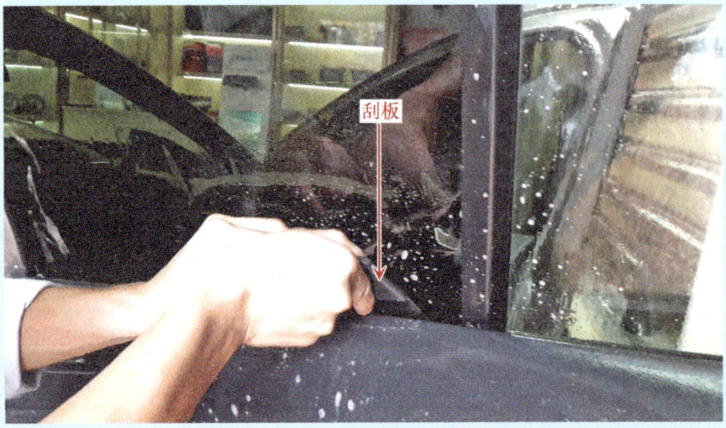

将车窗缝隙中的侧窗玻璃膜刮平

（16）检查侧窗玻璃膜的所有边缘并用刮板包裹上毛巾再次刮平。

再次刮平侧窗玻璃膜

（17）最后用毛巾将车门内饰板擦拭干净。

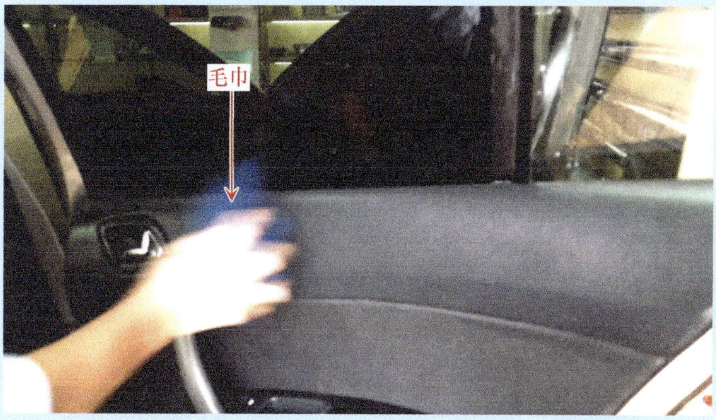

用毛巾将车门内饰板擦拭干净

收尾作业

28. 汽车隔音

（1）首先拆下左前门内饰板，然后撕开左前门密封薄膜。

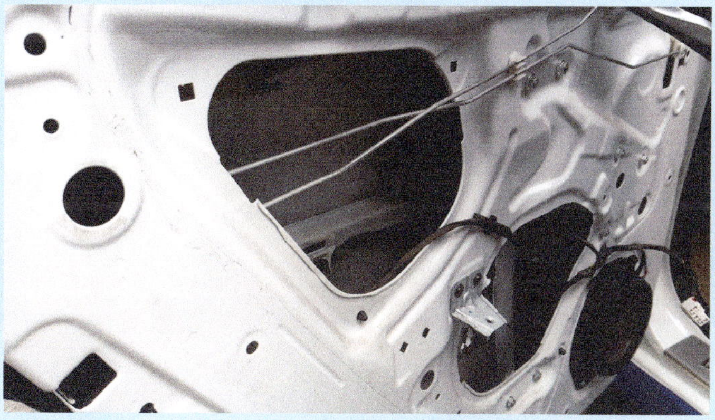

拆下左前门内饰板

（2）使用干净的毛巾将左前门内层和外层的钣金件擦拭干净。

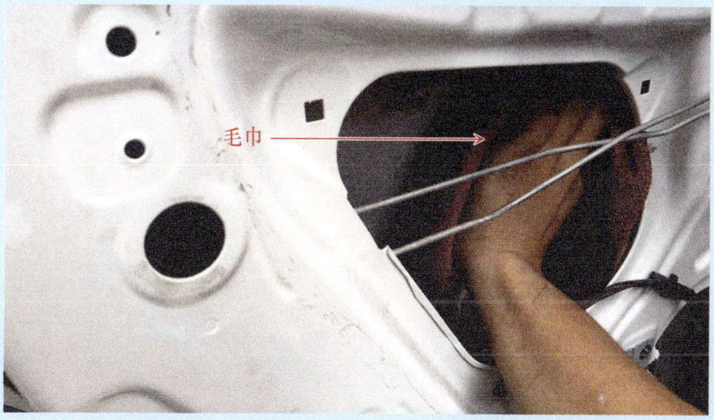

擦拭干净内层的钣金件

擦拭干净钣金件

贴内层钣金件隔音王

(3) 在左前门内层的钣金件上粘贴隔音王。粘贴时要分块进行粘贴，因为内层里面不容易放入整块隔音王。

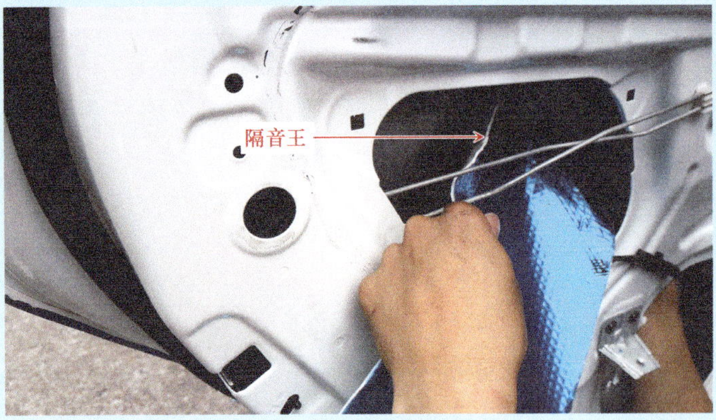

内层的钣金件粘贴隔音王

(4) 在左前门外层的钣金件粘贴整块隔音王。

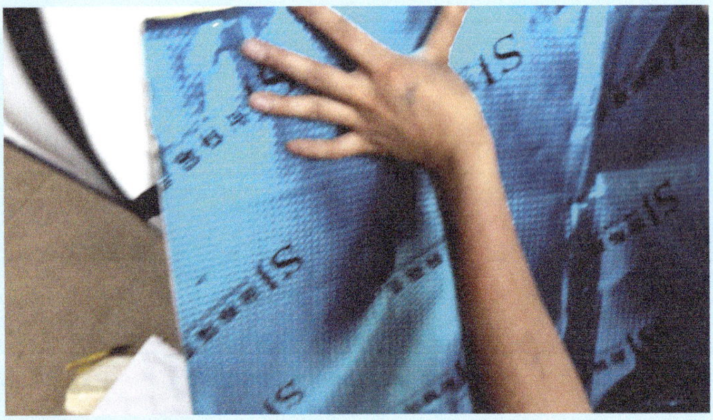

外层的钣金件粘贴整块隔音王

贴外层钣金件隔音王

(5) 剪掉外层钣金件上多余的隔音王，然后将其粘贴好。

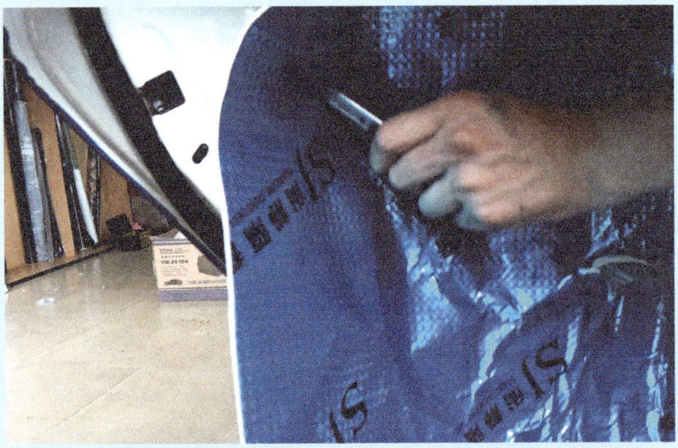

剪掉外层钣金件上多余的隔音王

（6）在外层的隔音王表面再粘贴一层隔音棉。

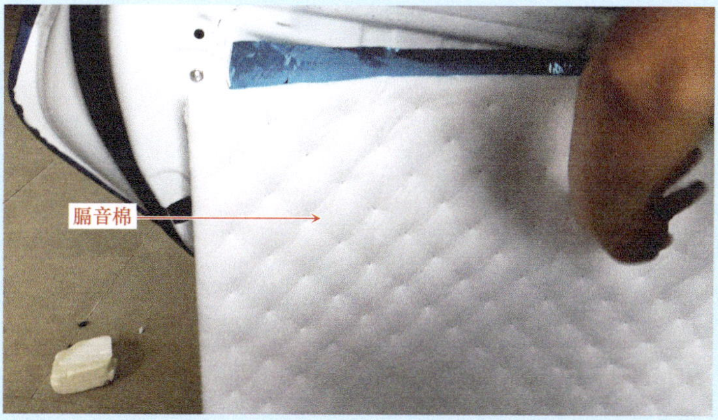

粘贴一层隔音棉

（7）剪掉外层多余的隔音棉，然后将其粘贴好

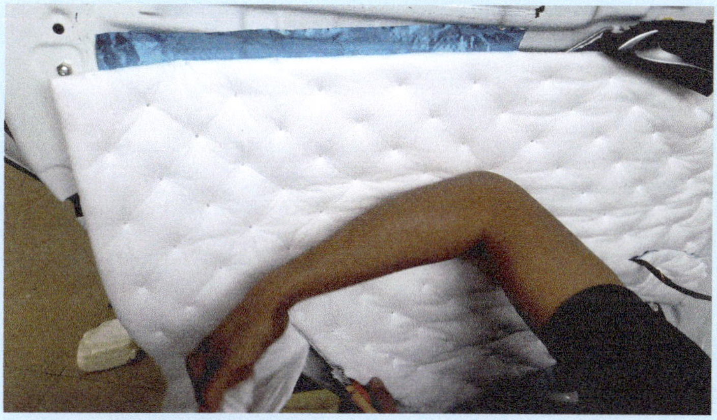

剪掉外层多余的隔音棉

粘贴隔音棉

（8）按照相反的顺序将车门内饰板安装复位即可。之后，采用相同的步骤分别对其他三个车门进行隔音。

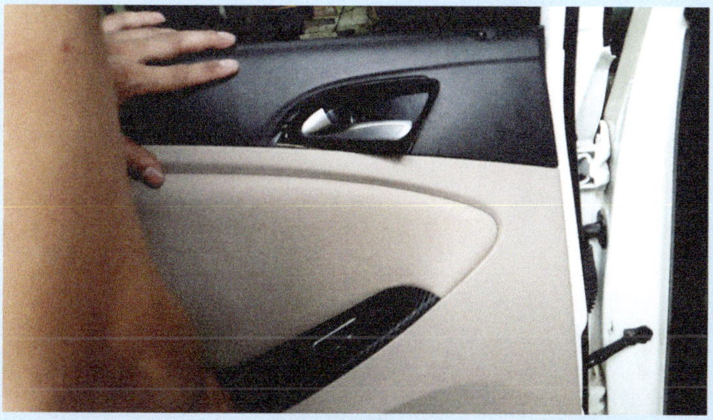

安装复位车门内饰板

安装复位车门内饰板

安装固定支架

29. 安装脚踏板

（1）首先找到底盘预留的脚踏板安装孔位，然后将固定支架安装固定到对应的底盘孔位中。

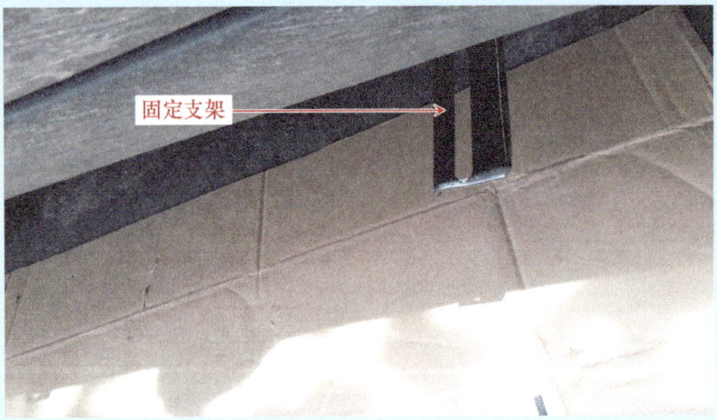

安装固定支架

（2）取出踏板，将踏板连接好。

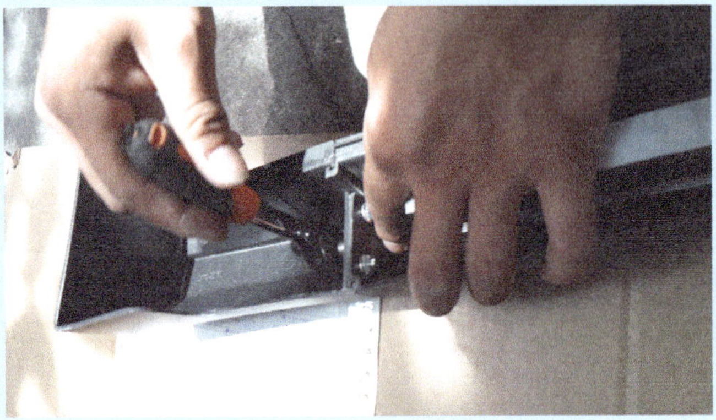

连接好踏板

（3）拆卸右侧前后两端的门槛固定螺钉。

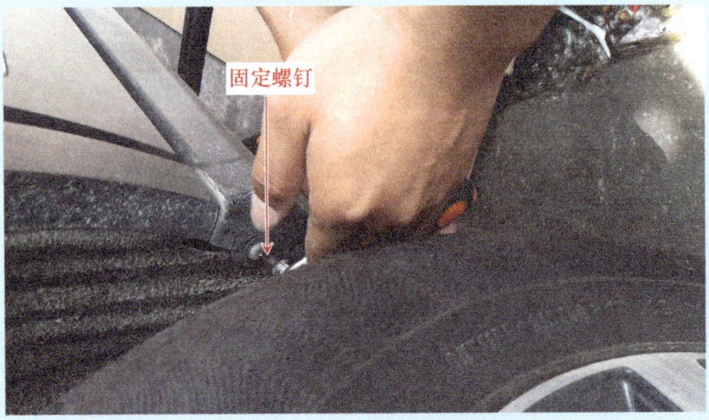

拆卸前后两端的门槛固定螺钉

（4）将踏板卡到固定支架上。

踏板卡到固定支架上

（5）用拆卸下来的门槛固定螺钉固定住踏板侧边，然后将其挨个拧紧。

拧紧踏板固定螺钉

（6）右侧脚踏板安装好后的效果，左边的安装方法和右边类似。

右侧脚踏板安装好后的效果

安装脚踏板

30. 安装挡泥板

（1）首先起动发动机，然后向左转动转向盘以便留出安装空间，再将左前挡泥板放置在左前翼子板侧面进行比对，确定正确的安装位置。

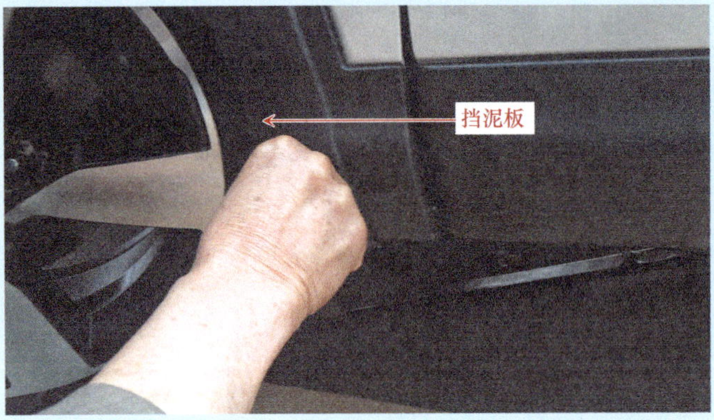

确定左前挡泥板安装位置

（2）用2颗螺钉将左前挡泥板固定在左前翼子板侧面。

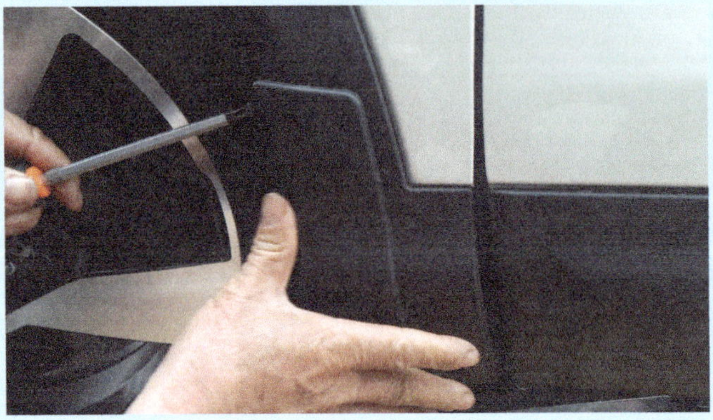

拧紧2颗紧固螺钉

（3）左前挡泥板安装好后的效果。

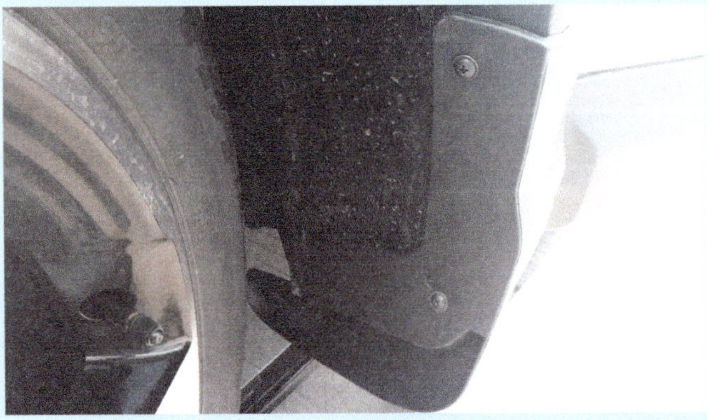

安装好左前挡泥板

安装左前挡泥板

（4）向右转动转向盘以便留出安装空间，然后将右前挡泥板放置在右前翼子板侧面进行比对，确定正确的安装位置。

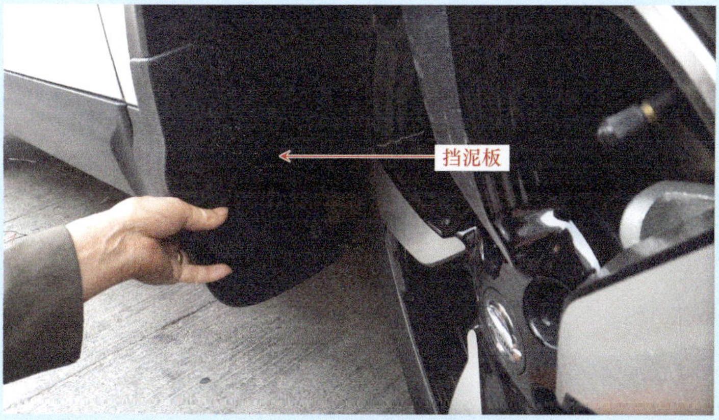

确定右前挡泥板安装位置

（5）用2颗螺钉将右前挡泥板固定在右前翼子板侧面。

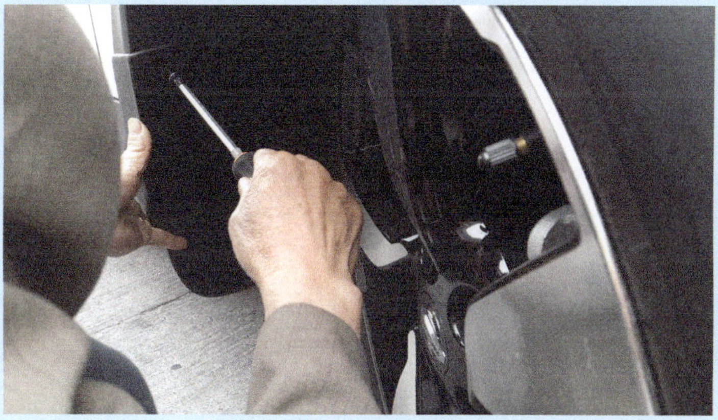

拧紧2颗紧固螺钉

安装右前挡泥板

（6）右前挡泥板安装好后的效果。

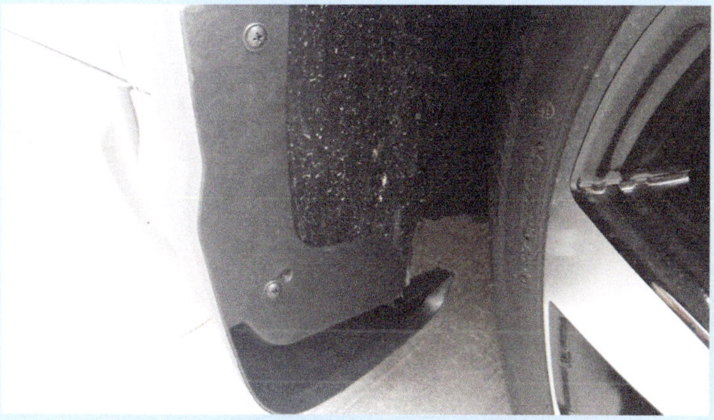

安装好右前挡泥板

31. 安装前保险护杠

（1）首先准备好与原车匹配的前保险护杠。

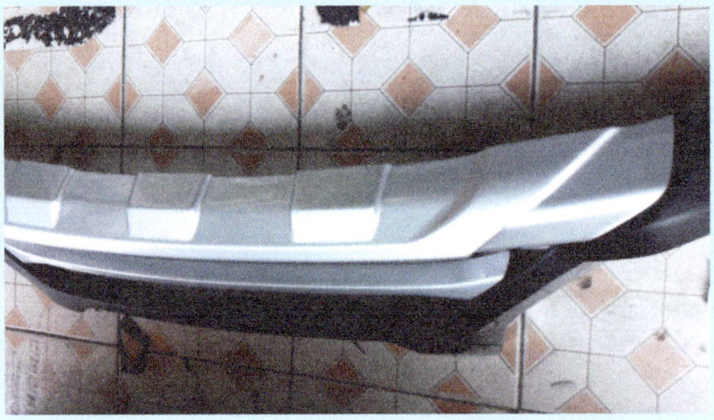

前保险护杠

（2）用电钻将前保险护杠安装孔的塑料封钻穿。

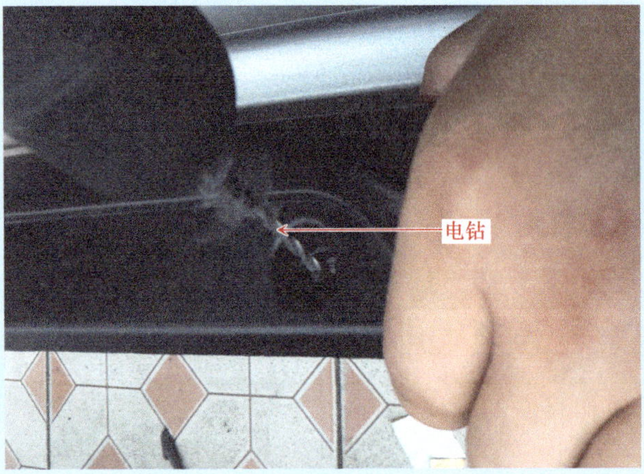

钻穿安装孔塑料封

钻穿安装孔塑料封

（3）将前保险护杠定位在前保险杠的规定位置。

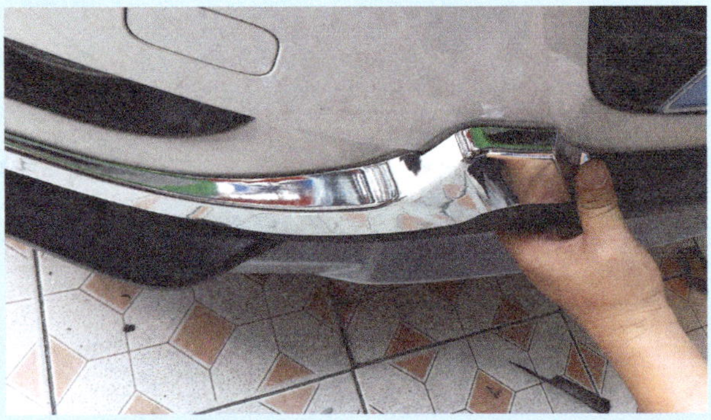

固定前保险护杠

（4）用螺钉紧固前保险护杠侧面和下边，然后在安装孔盖上塑料盖即可完成前保险护杠的安装。

用螺钉紧固前保险护杠

紧固前保险护杠

第 6 章　电子产品加装

32. 倒车雷达的加装

装入倒车雷达传感器

（1）首先定位好倒车雷达传感器的安装位置，然后选择合适的钻头打孔，最后将倒车雷达传感器穿入安装孔内，装入倒车雷达传感器时要确保箭头位置向上。

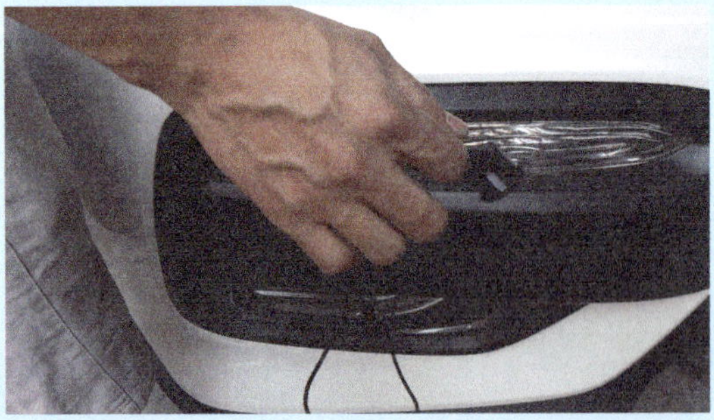

装入倒车雷达传感器

确保倒车雷达传感器箭头位置向上

（2）将倒车雷达传感器的线束布置到倒车雷达主机安装的位置。

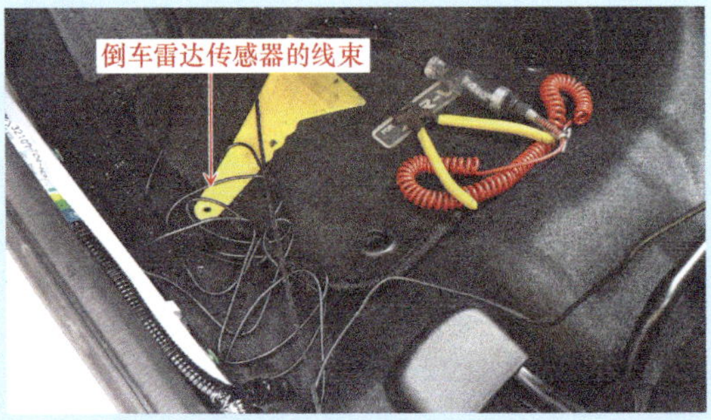

布置倒车雷达传感器的线束

（3）查找倒车雷达主机的电源和搭铁线。

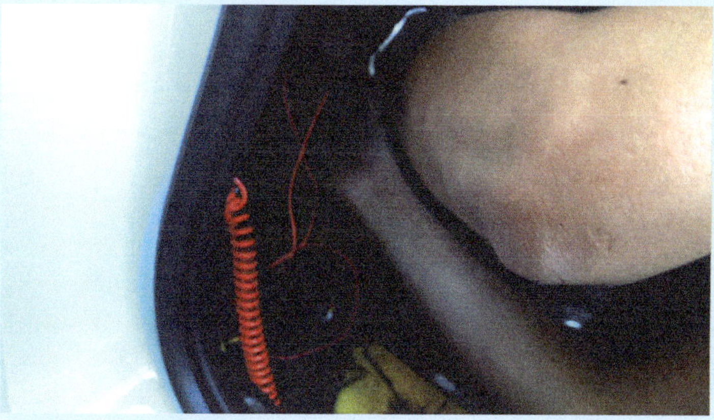

查找倒车雷达主机电源和搭铁线

（4）将双面胶粘贴在倒车雷达显示器的底部，然后将其粘贴在仪表台左侧位置。

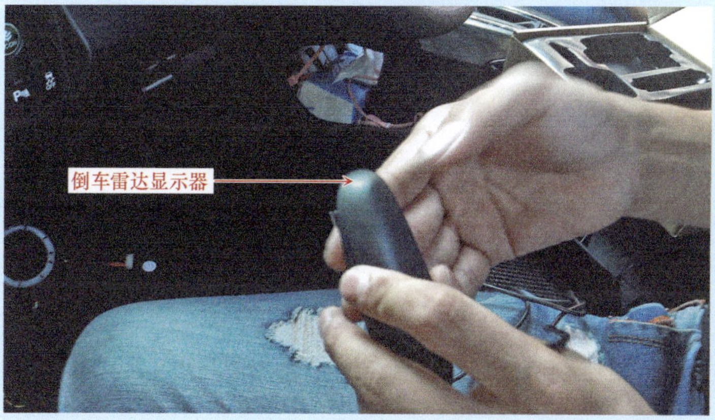

倒车雷达显示器的底部粘贴双面胶

（5）将线束进行隐蔽布置，然后按照安装说明书连接好倒车雷达传感器及倒车雷达主机接线。

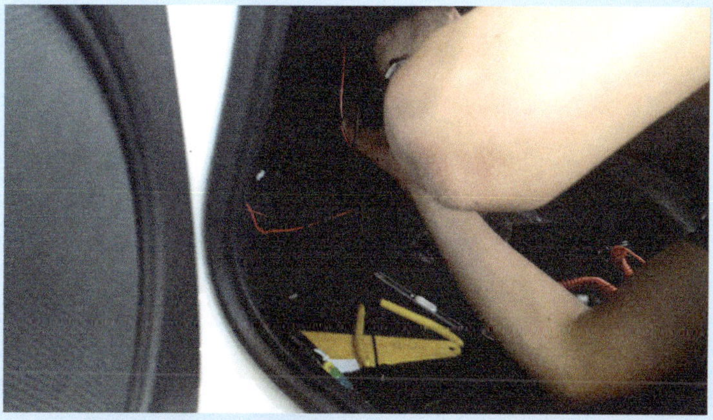

连接好倒车雷达主机

安装倒车雷达

测试倒车雷达
性能

（6）测试倒车雷达的工作性能，如有异常则应检查线路是否安装正确。

测试倒车雷达的工作性能

（7）倒车雷达完全符合要求后将倒车雷达传感器安装到位即可。

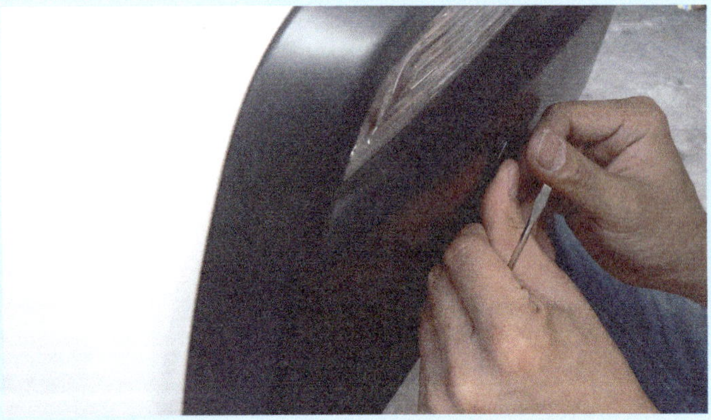

倒车雷达传感器安装到位

33. 汽车功放的加装

（1）首先拆卸空调控制面板。

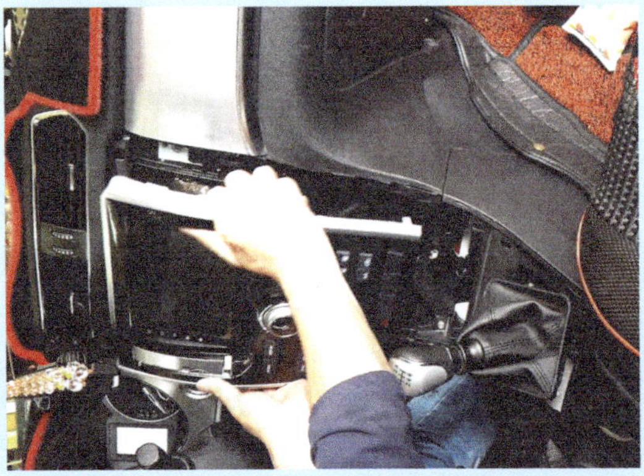

拆卸空调控制面板

（2）拔开线束插接器，然后取下空调控制面板。

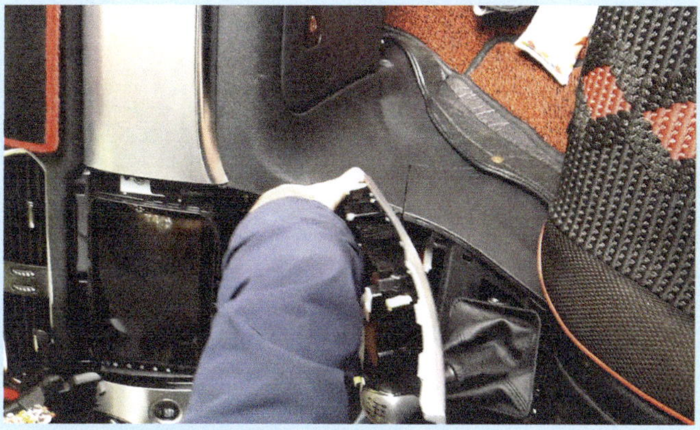

拔开线束插接器

（3）拧下音响 CD 机的紧固螺钉。

拧下音响 CD 机的紧固螺钉

（4）拔开音响 CD 机上的插接器，然后取下音响 CD 机。

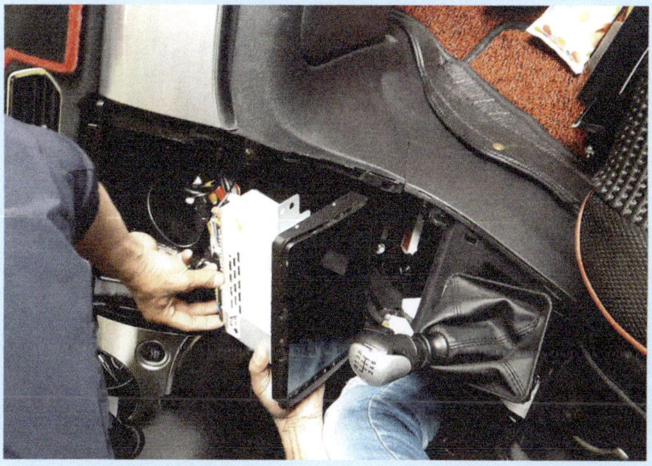

拆卸音响 CD 机

拆卸音响 CD 机

（5）将汽车功放放置在左前座椅下方，然后将汽车功放的音频输出线束布置到中控台内。

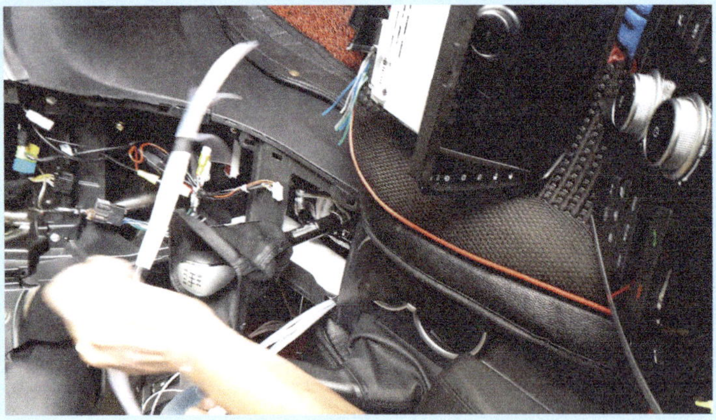

布置功放的音频输出线束

（6）根据汽车功放接线图，对分频器进行接线安装。

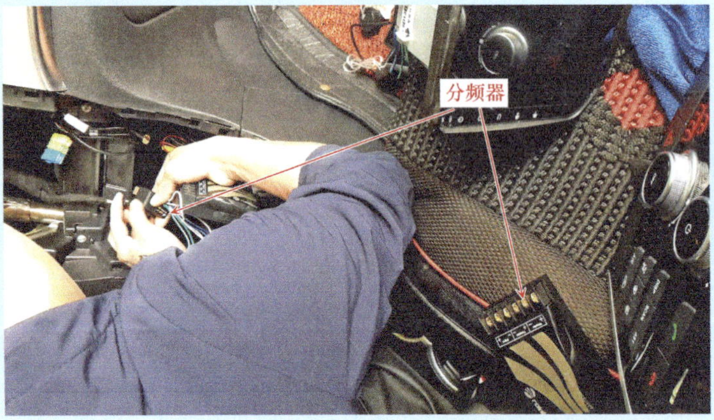

分频器接线安装

（7）对安装好后的分频器及其线束进行隐藏布置。

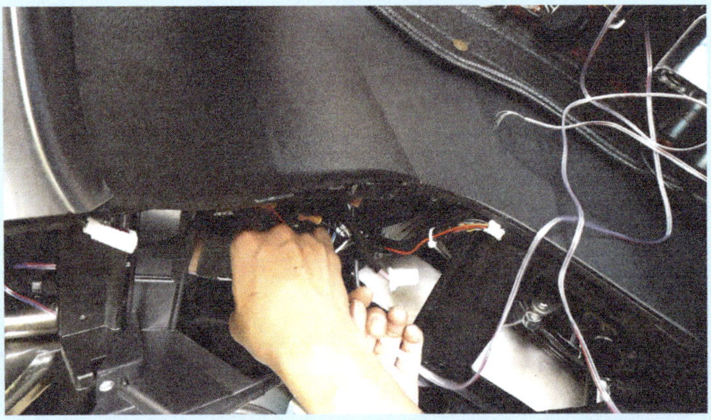

隐藏分频器及其线束

安装分频器
及其线束

（8）从左前座椅下方引一条汽车功放电源线到发动机舱内的蓄电池处。

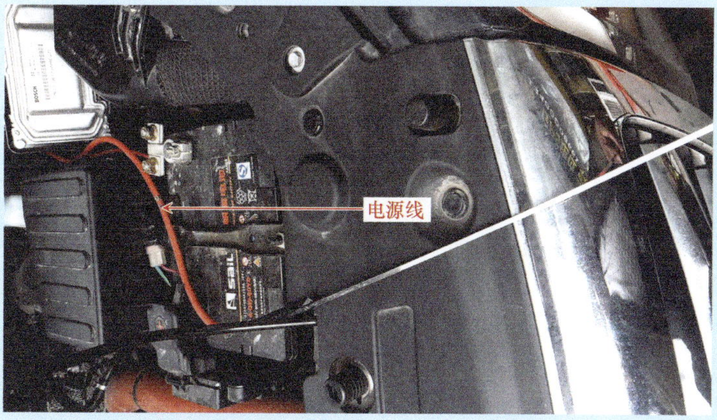

布置汽车功放电源线

（9）将汽车功放电源线隐藏在门槛饰板内。

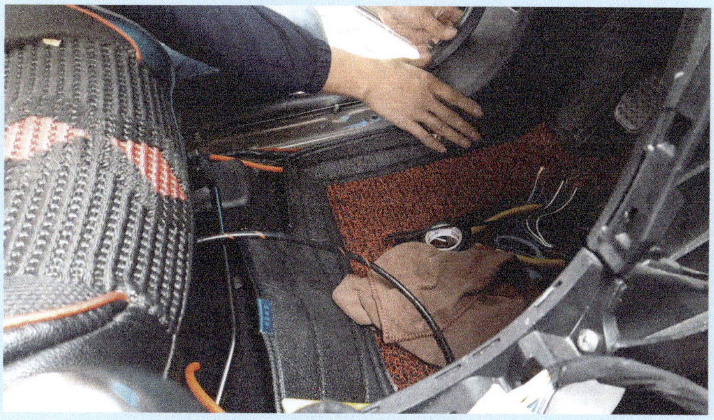

隐藏汽车功放电源线

布置汽车功放电源线

（10）用试灯寻找音响 CD 机的汽车功放控制线（并通过点火开关处接一条 ACC 线）。

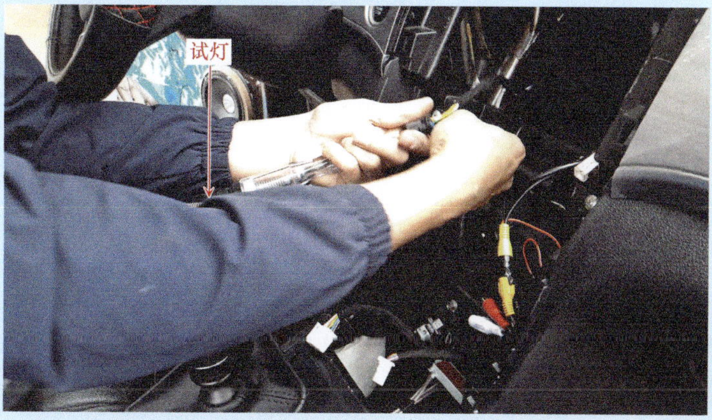

寻找音响 CD 机的汽车功放控制线

寻找音响 CD 机的汽车功放控制线

（11）从左前座椅下方引一条功放控制线至仪表台。

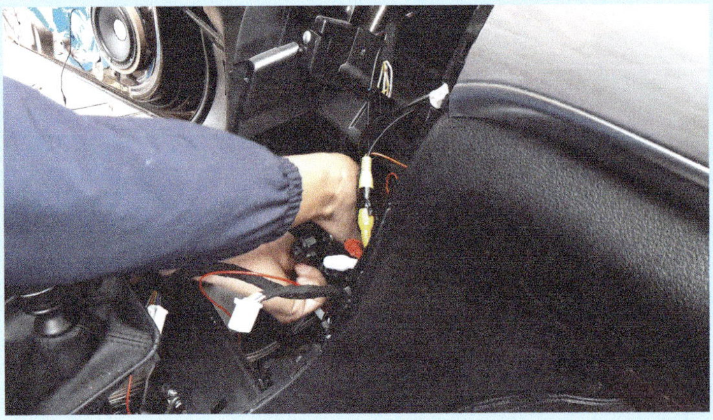

布置功放控制线

接好汽车功放控制线

（12）连接好汽车功放控制线到音响 CD 机插接器线束上，然后包扎牢固。

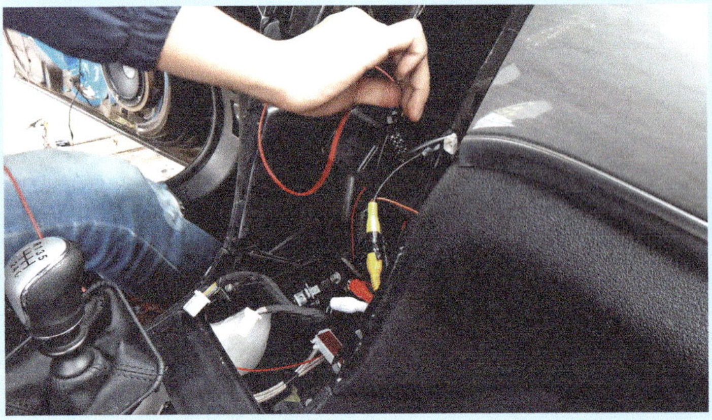

接好汽车功放控制线

（13）安装音频转换器（高转低）插接器。

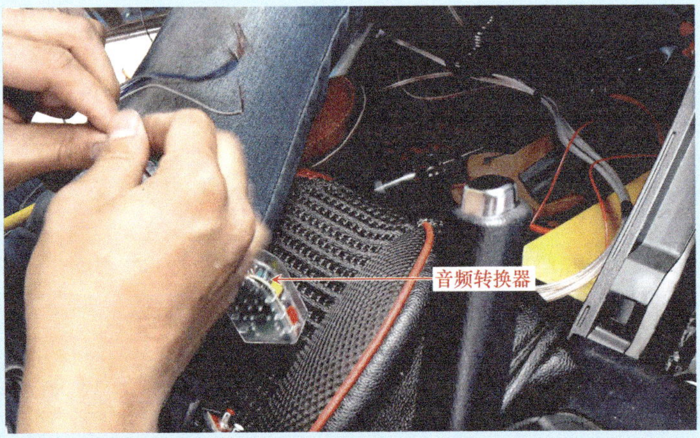

安装音频转换器

（14）接上音频转换器并布置好音频输入线束。

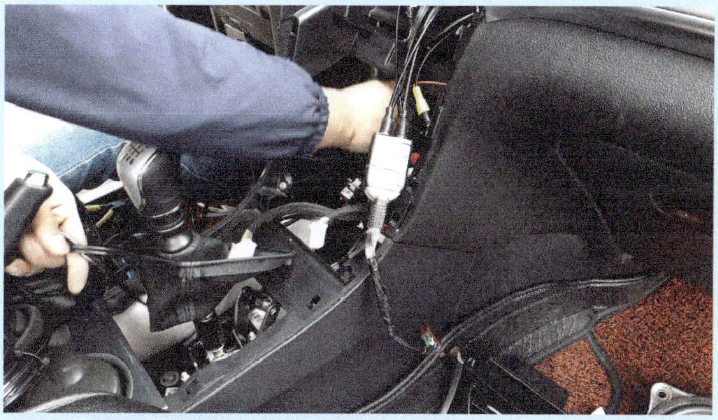

布置好音频输入线束

布置好音频输入线束

（15）将汽车功放电源线连接到汽车功放的 +B 端口，然后安装控制线及搭铁线，搭铁线的另一端接到座椅底部搭铁位置即可。

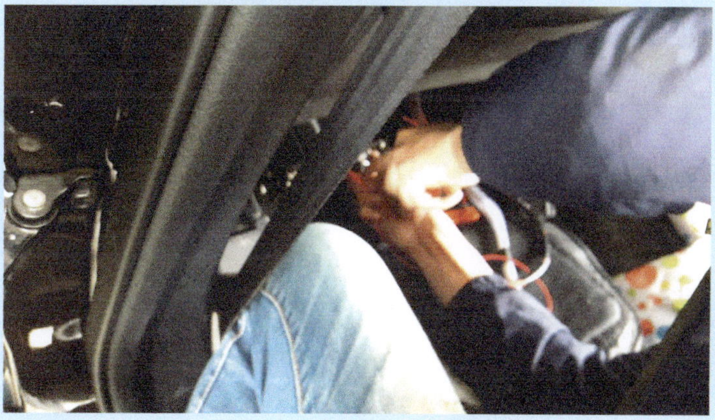

安装汽车功放电源线

安装汽车功放电源线

（16）根据功放接线图，安装音频输出线至汽车功放的每个接点（接扬声器），最后将音频输出线用胶布缠起来，起到避免信号干扰的作用。

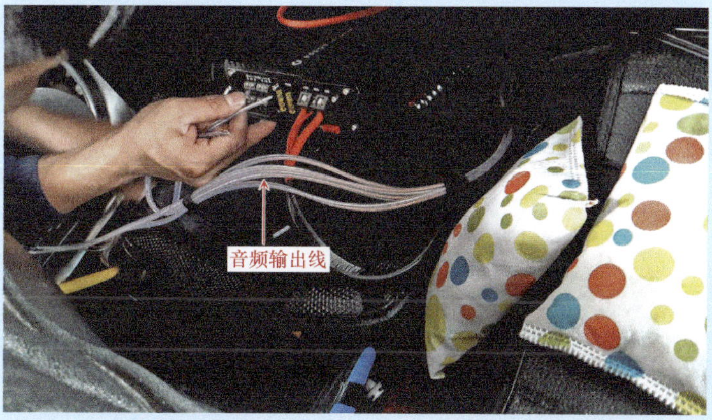

安装音频输出线束

安装音频输出线束

插上音频输入信号线

（17）插上汽车功放的音频输入信号线。

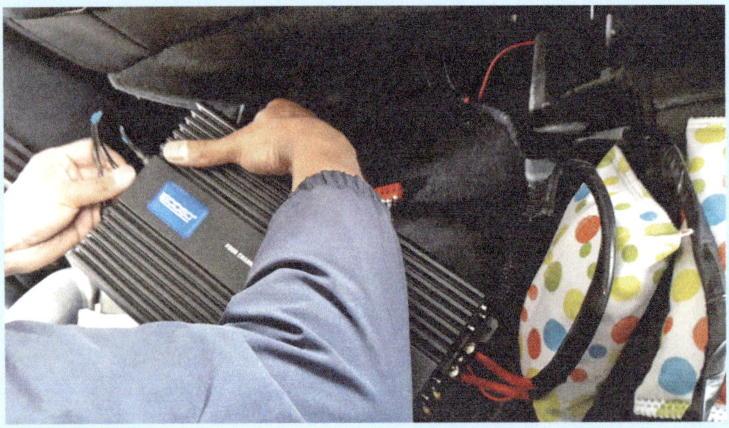

插上功放的音频输入信号线

电源线接入熔丝线

（18）为电源线接入熔丝线，保证电路使用安全。

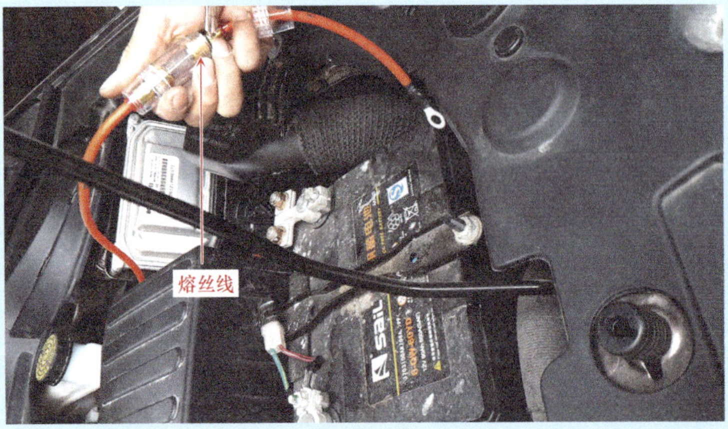

电源线接入熔丝线

电源线接到蓄电池正极端子

（19）将电源线接到蓄电池正极端子上。

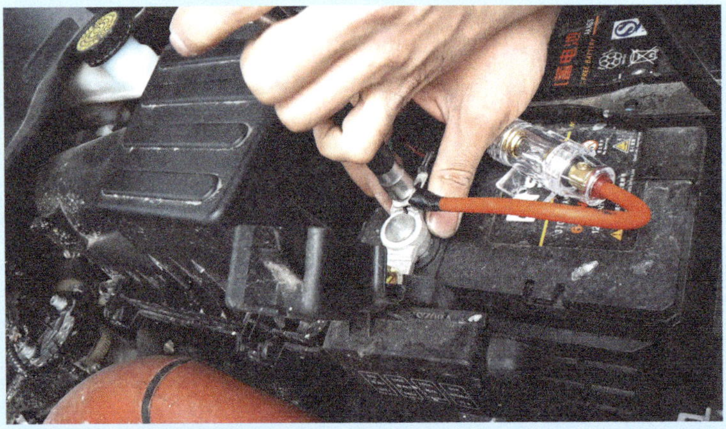

电源线接到蓄电池正极端子

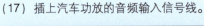

（20）安装音响 CD 机。

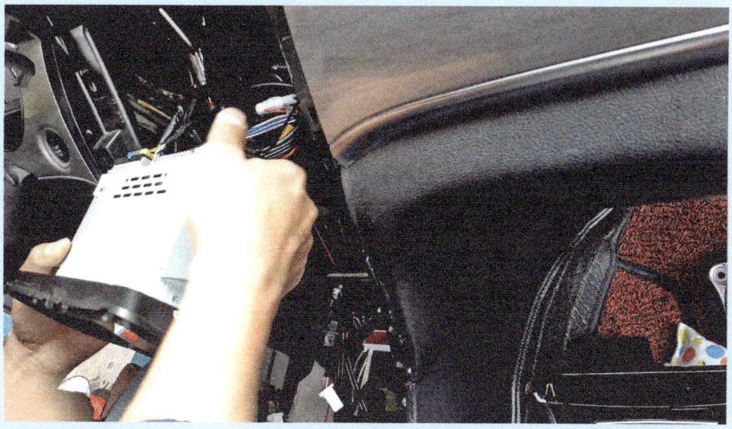

安装音响CD机

（21）插好空调控制面板的插接器，然后将其放置在仪表台安装位置即可。

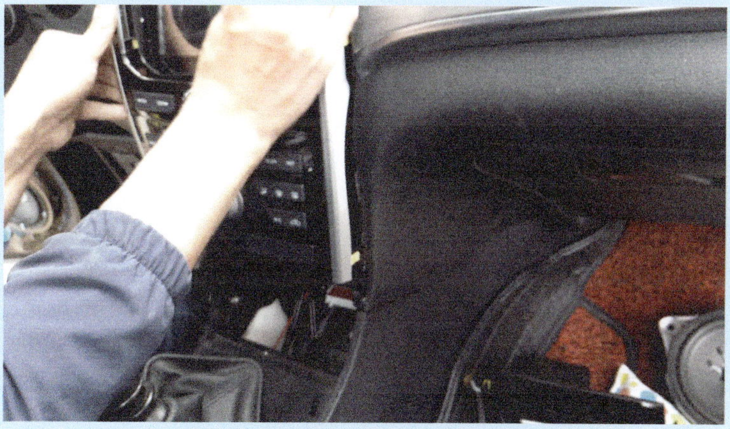

装上空调控制面板

装上空调控制面板

（22）开启音响 CD 机，然后对汽车功放进行调音，确保音质正常。

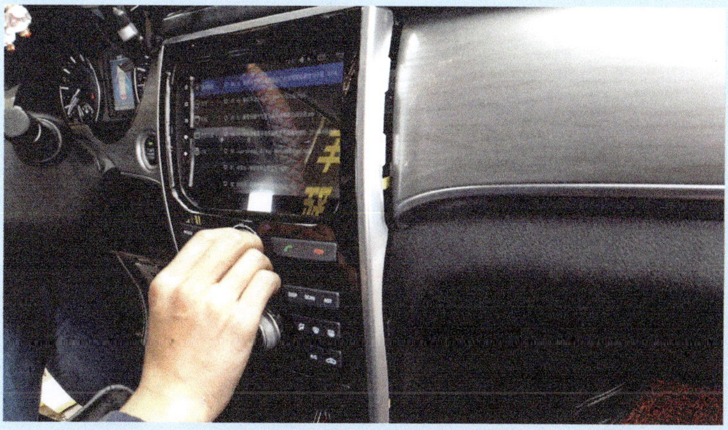

开启音响CD机

开启音响 CD 机

空调面板安装到位

（23）将空调面板及其他部件按照相反的顺序安装到位即可完成汽车功放的加装作业。

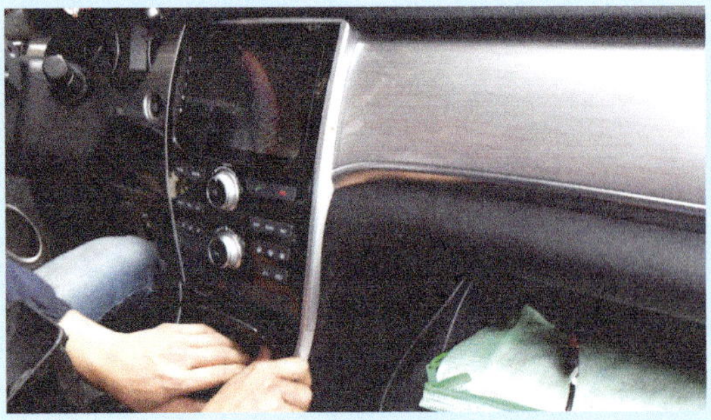

空调面板安装到位

相关知识

每种汽车功放的接线端口都有所差异，以丹麦雷道汽车功放 LC504 为例，它的接线端口如下：

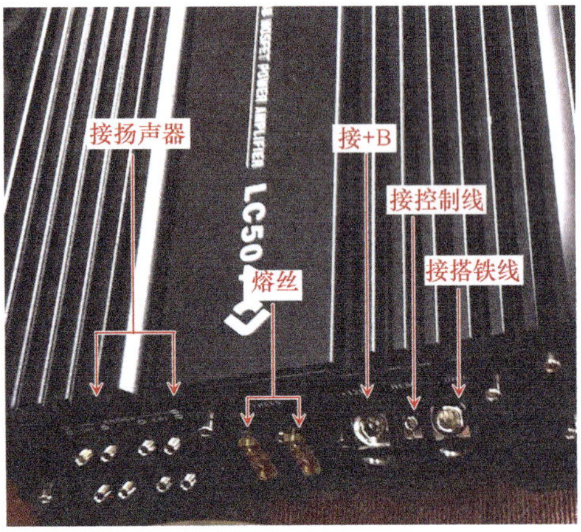

汽车功放 LC504 接线端口

34. GPS 导航倒车影像一体机的安装

（1）拆下原车的音响 CD 机。

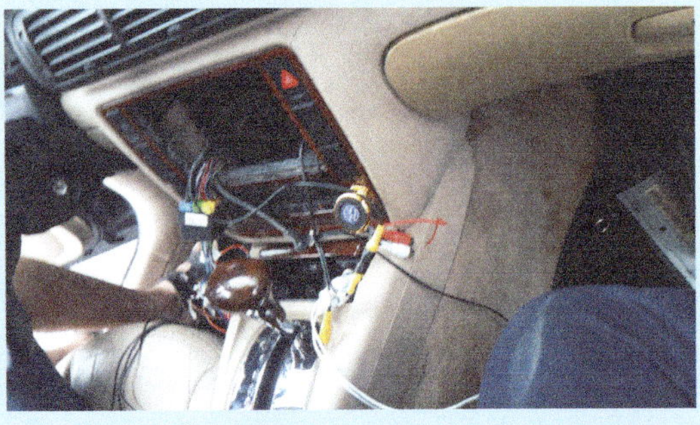

拆下原车的音响CD机

（2）在仪表台的右侧固定好 GPS 天线。

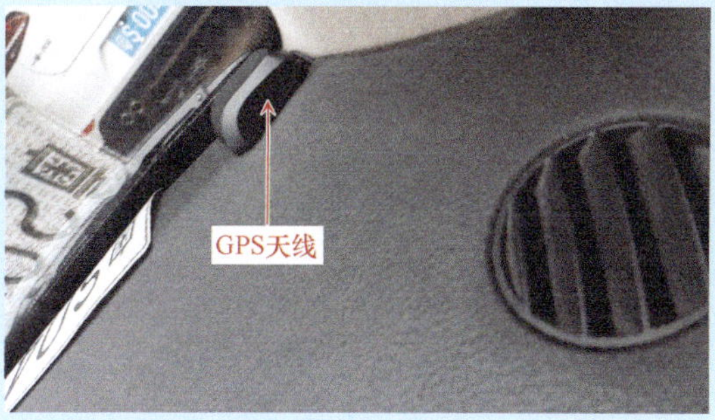

固定好GPS天线

（3）将 GPS 天线的线束布置到仪表中控台内。

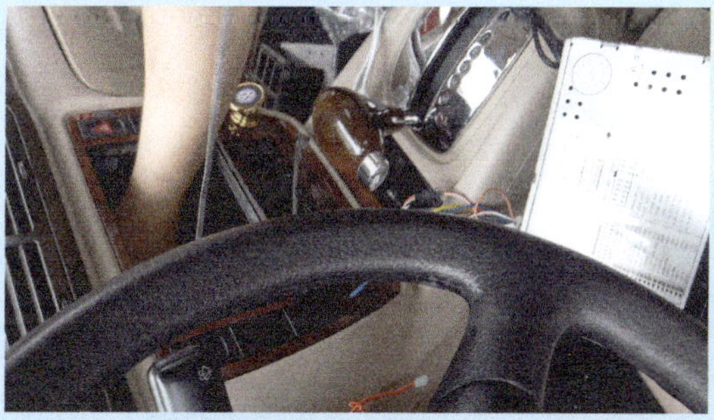

布置GPS天线的线束

布置 GPS 天线的线束

（4）按照说明书给原车的音响 CD 机插接器增加转接插接器，然后延着车身左侧门窗胶条布置后视倒车雷达信号线束，信号线束直到行李箱盖处为止。

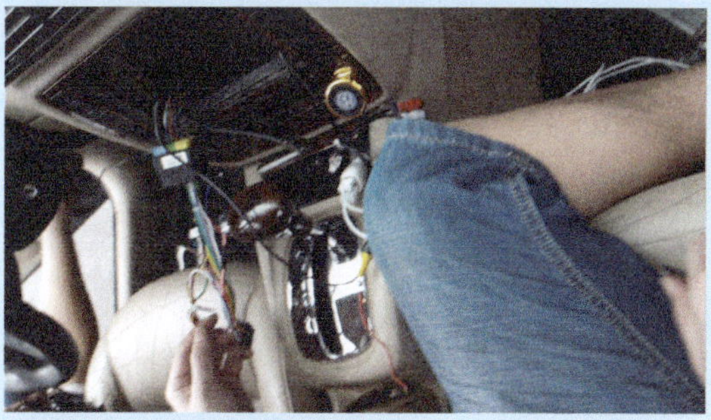

增加转接插接器

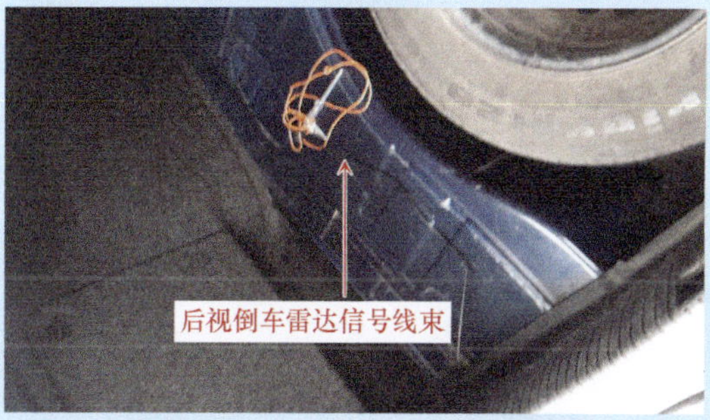

布置后视倒车雷达信号线束

布置后视倒车雷达信号线束

装上可视倒车摄像头

缠绑线束

（5）在行李箱盖规定的位置装上可视倒车摄像头。

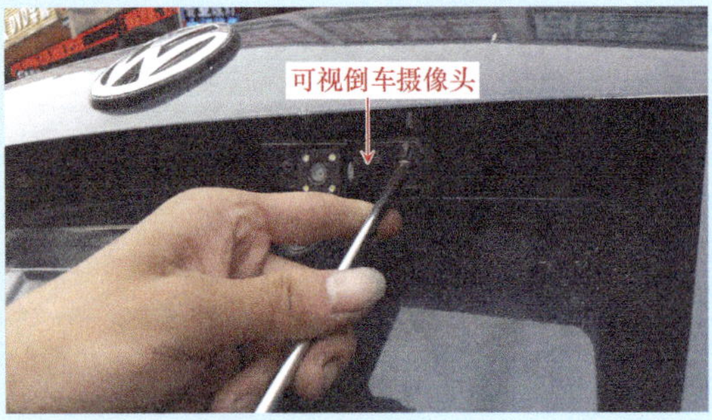

装上可视倒车摄像头

（6）取倒车灯的电源连接到可视倒车摄像头，然后将可视倒车摄像头的负极线搭铁在行李箱盖上，再插上可视倒车摄像头的信号线束。此外，布置线束时最好使用电工胶布与行李箱盖的线束缠绑在一起。

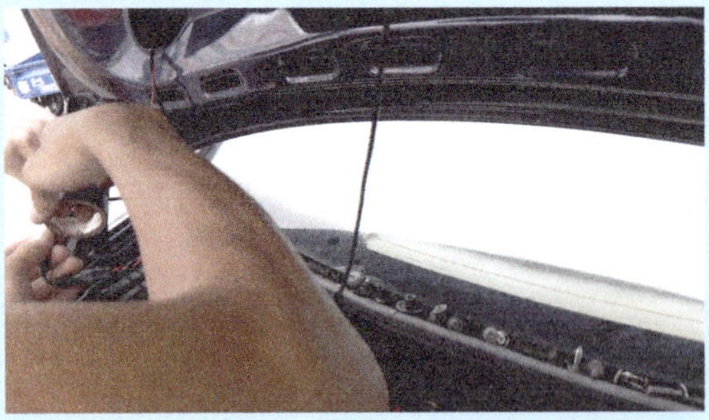

包扎线束

（7）将插接器插到 GPS 导航倒车影像一体机上。

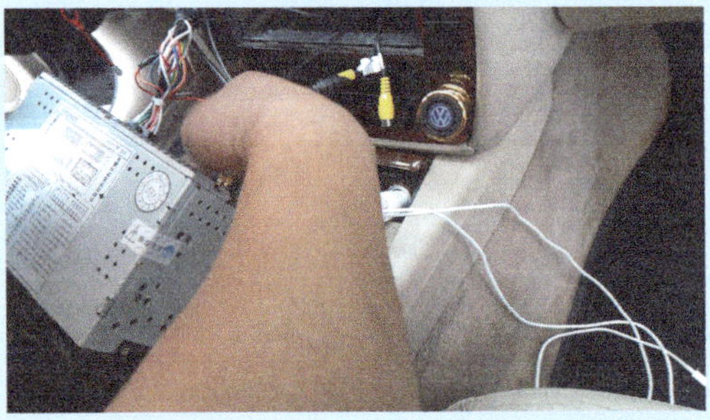

插好插接器

（8）开启 GPS 导航倒车影像一体机，然后测试倒车影像系统的工作情况。

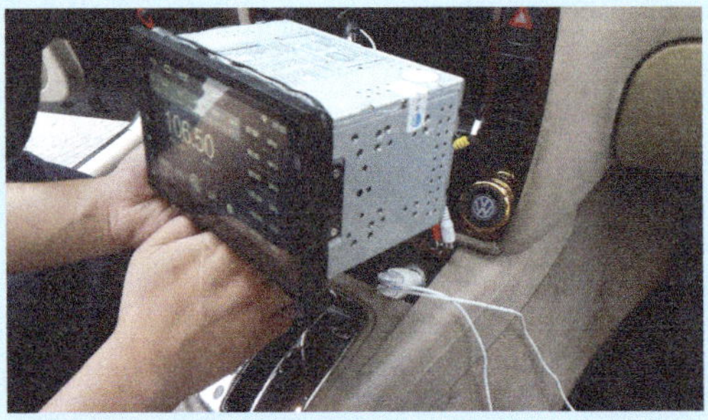

测试倒车影像系统

（9）将 GPS 天线接至 GPS 导航倒车影像一体机的后面。

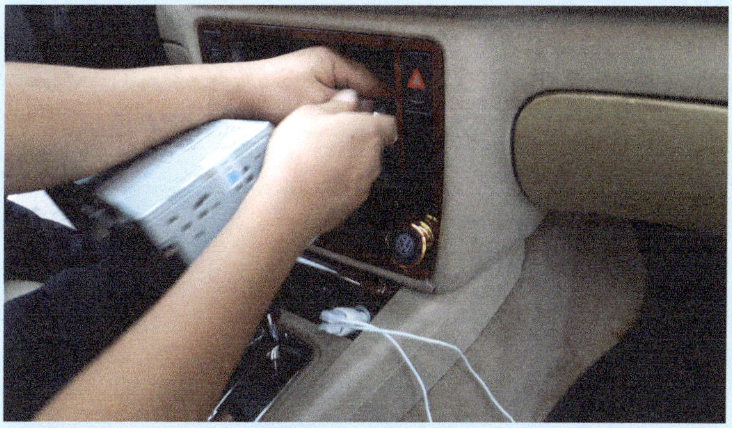

接好GPS天线

（10）将 GPS 导航倒车影像一体机安装到仪表台内。

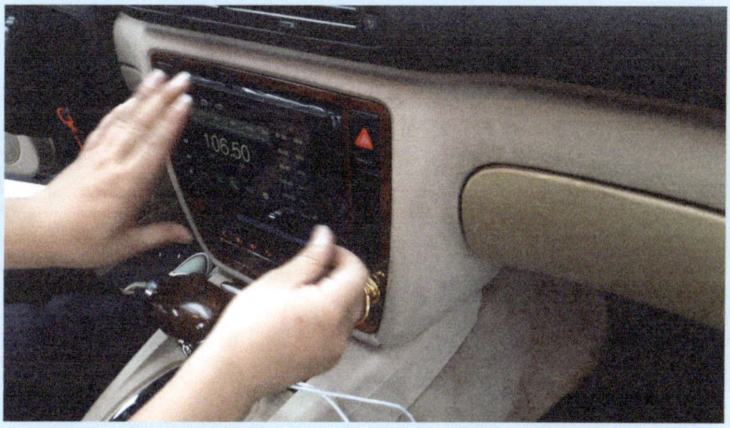

安装GPS导航倒车影像一体机

装好 GPS 导航倒车影像一体机

（11）测试导航系统及其音响情况，确保它们均能正常工作即可。

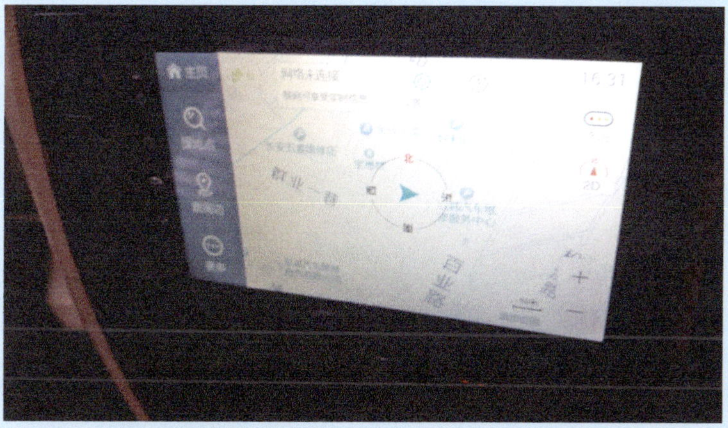

测试导航系统

测试导航系统

35. 高音扬声器的加装

（1）首先拆下左后门内饰板，然后用剪刀将原车扬声器的中间线束剪开。

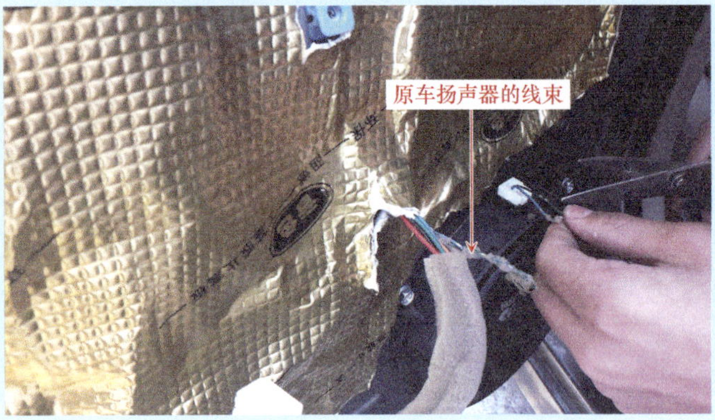

将原车扬声器的中间线束剪开

处理原车扬声器线束

（2）将原车扬声器上面的两根电线剥除电线绝缘层。

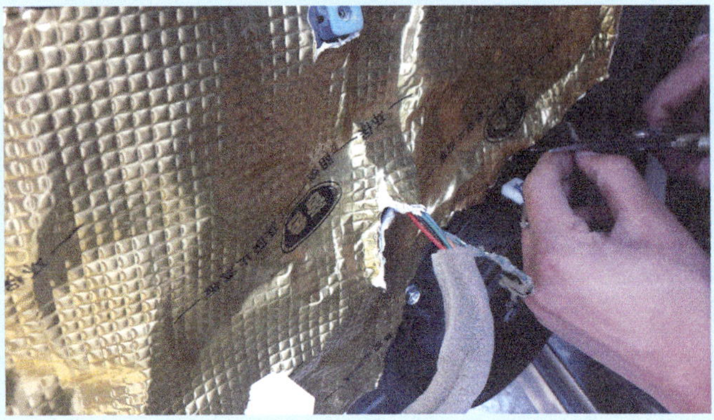

剥除电线绝缘层

增加中低音扬声器信号延长线

（3）给原车扬声器上的两根电线接上一组中低音扬声器信号延长线，然后用胶布包扎好。

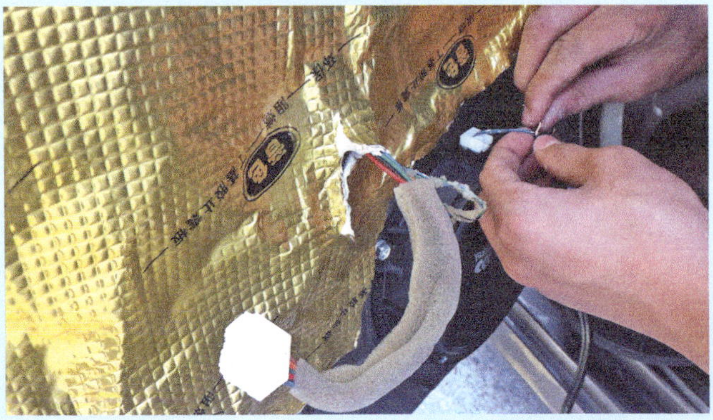

增加中低音扬声器信号延长线

增加音频信号输入延长线

(4) 给原车扬声器上的两根音频信号输入线接上另一组信号延长线，然后用胶布包扎好。

增加音频信号输入延长线

(5) 分清信号输入延长线的正负极，然后将它们分别接到分频器的信号输入接线端上。

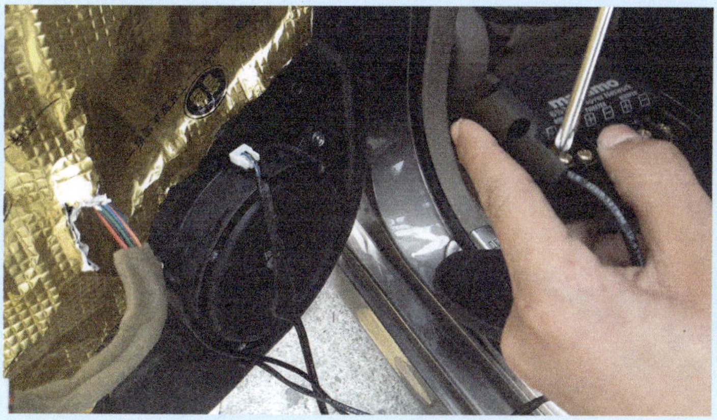

输入信号线接到分频器输入接线端

分频器接线

(6) 将原车的中低音扬声器信号延长线接到分频器的中低音扬声器的接线端上。

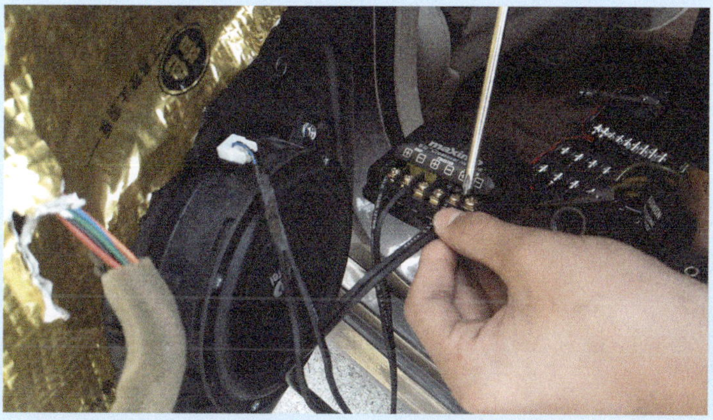

接中低音扬声器的信号线

（7）首先在左后车门内饰板上开一个孔，然后将高音扬声器固定在车门内饰板上，再将高音扬声器信号线接到分频器的高音扬声器的接线端上。

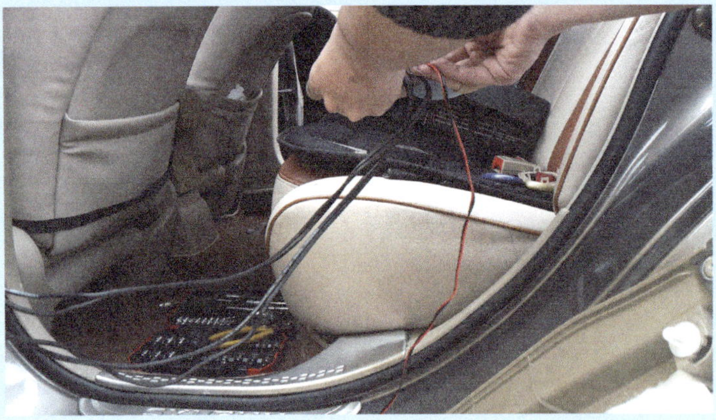

接高音扬声器信号线

固定分频器

（8）将分频器用粘胶粘在车门内饰板的后面。

固定分频器

安装左后车门内饰板

（9）安装好左后车门内饰板即可将左后车门的高音扬声器加装完成。

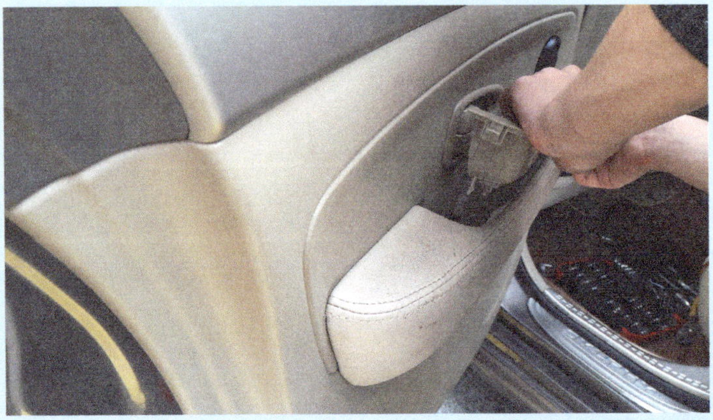

安装好左后车门内饰板

（10）其他 3 个车门的高音扬声器安装方法和左后车门的高音扬声器安装方法相同，图片显示了 4 个车门的高音扬声器安装后的效果。

左后车门的高音扬声器

右后车门的高音扬声器

左前车门的高音扬声器

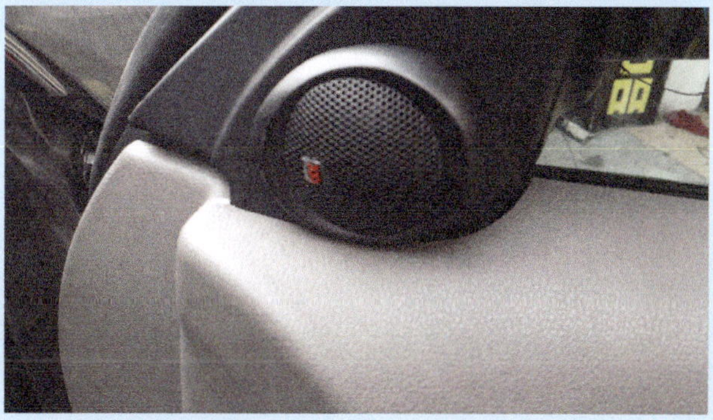

右前车门的高音扬声器

相关知识

(1) 分频器接线柱。

分频器有6个接线柱，从左到右分别标有“AMP + -”“TWEETER + -”“WOOFER + -”。它们分别表示输入线正极接线端、输入线负极接线端、高音扬声器正极接线端、高音扬声器负极接线端、中低音扬声器正极接线端以及中低音扬声器负极接线端。

1)“AMP + -”表示音频信号的输入端，主机（或功放）输出端应接到此两个端子。“+”正极和“-”负极要与主机（或功放）的输出端相对应，一定不要接错。如果正负接反，会出现左门的声音与右门的声音反相的情况，使低音减弱甚至完全抵消。

2)“TWEETER + -”是高音扬声器的接线端，高音扬声器的正、负极要与分频器上面的标示相对应，切勿接错。

3)“WOOFER + -”是中低音扬声器的接线端，中低音扬声器的正、负极应与分频器上面的标示相对应，切勿接错。

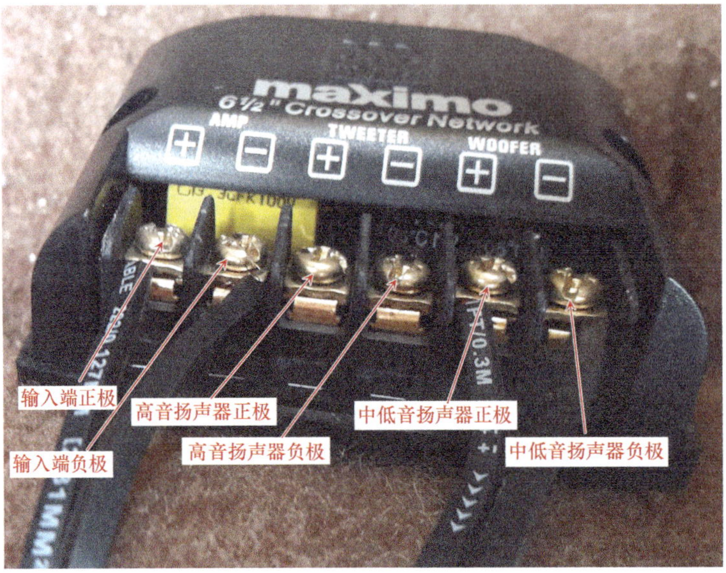

分频器接线柱

(2) 扬声器线正负极判断技巧。

当剪下原车扬声器线束时，插头插在原车的扬声器上面，用原车扬声器其中的一条线接一节1.5V干电池的负极，另一条线瞬间快速地碰触干电池的正极，同时观察扬声器振膜的运动方向。如果是向前方运动，则说明现在接干电池负极的线就是扬声器的负极线，另外一条线就是扬声器的正极线；如果扬声器振膜是向后运动，则说明现在接在干电池负极的线是扬声器正极线，另外一条线就是扬声器的负极线。

36. 汽车 360°全景俯视系统的加装

（1）首先拆卸掉左、右两边前门的内饰板以及中控台、行李箱盖内饰板等部件，然后根据汽车 360°全景俯视系统的安装说明书进行信号线的布置。

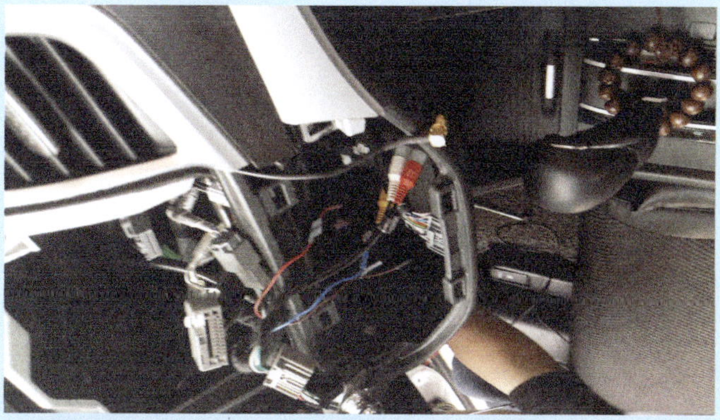

360°全景俯视系统信号线的布置

信号线的布置

（2）将后摄像头的信号线布置到行李箱盖内侧。

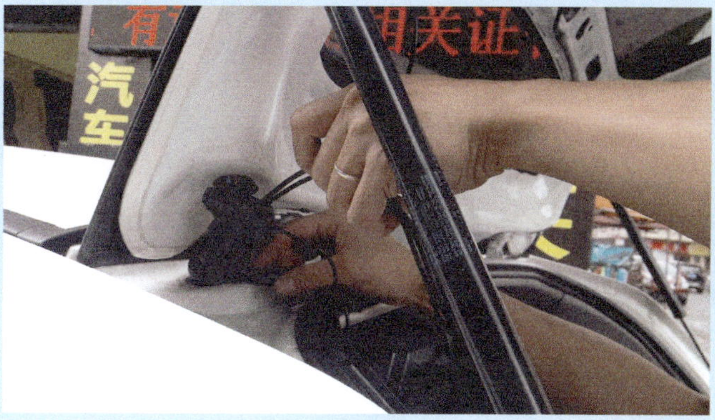

行李箱盖内侧信号线

（3）行李箱盖内侧信号线延长至牌照灯处。

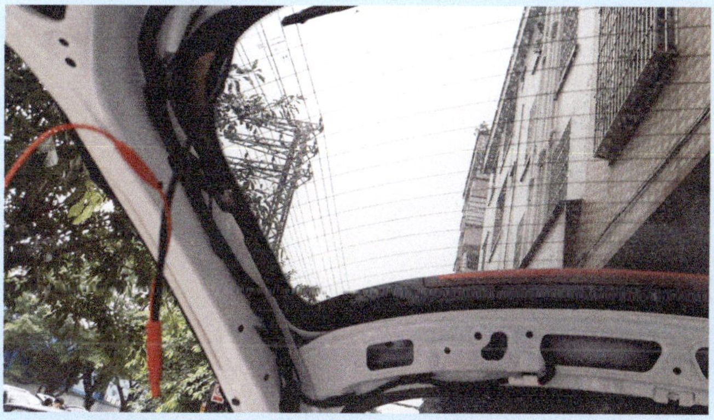

信号线延长至牌照灯处

布置后摄像头的信号线

（4）将后摄像头的信号线隐藏在车内的饰板内。

隐藏后摄像头的信号线

安装后摄像头

（5）在牌照灯处安装上后摄像头。

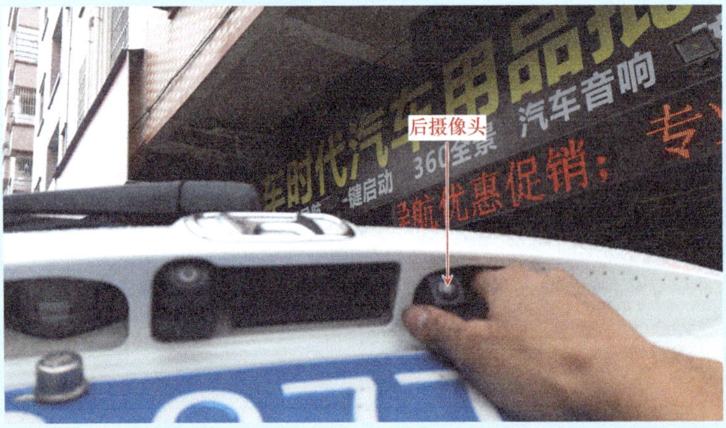

安装后摄像头

（6）将后摄像头的线束插接器连接到后摄像头的信号线上。

插好后摄像头的线束

(7) 根据安装说明书的接线图取后摄像头的电源线，将后摄像头的电源线布置好。

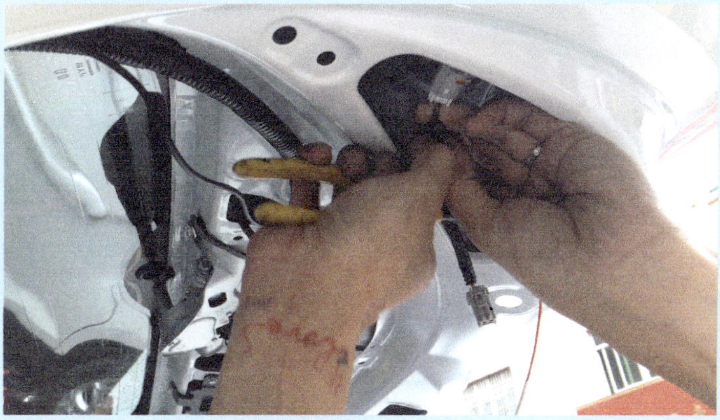

取后摄像头的电源线

取后摄像头的电源线

(8) 小心地将行李箱盖内侧的所有饰板安装好。

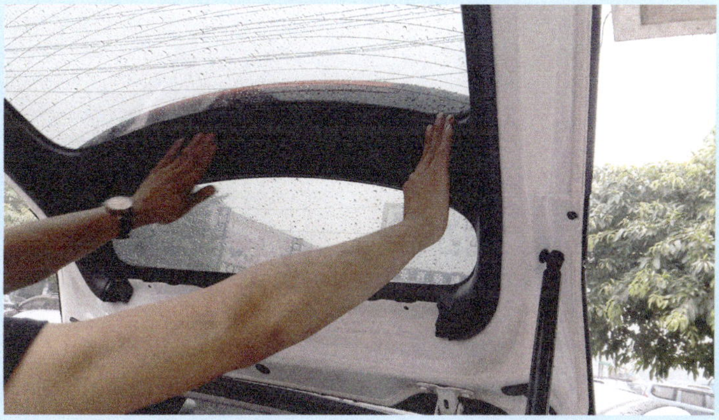

安装行李箱盖内侧饰板

安装行李箱盖内侧饰板

(9) 安装好左、右后视镜摄像头。

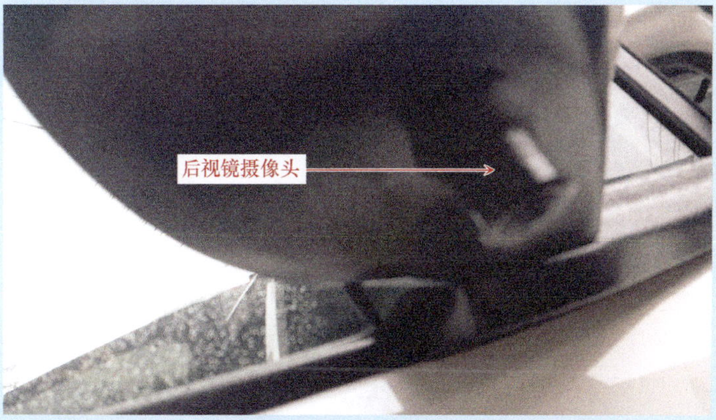

安装后视镜摄像头

右后视镜摄像头接电源线

（10）根据安装说明书的接线图取左、右后视镜摄像头的电源线，然后将左、右后视镜摄像头的电源线布置好。

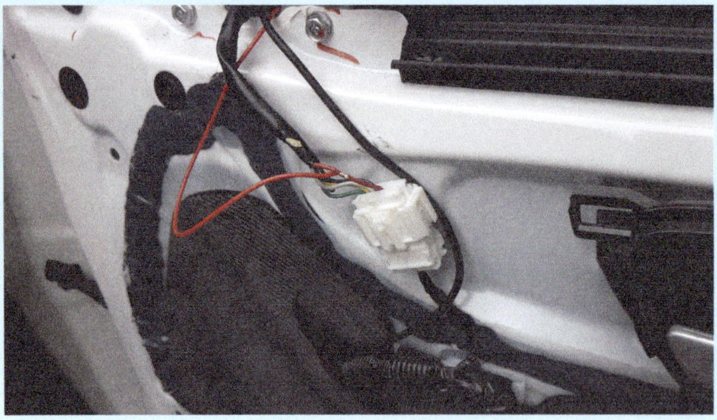

取左、右后视镜摄像头的电源线

（11）安装好前摄像头，前摄像头安装在前格栅车标位置。

安装好前摄像头

增加视频输入接口

（12）在原车中控屏幕的插接器中增加360°全景俯视系统视频输入接口。

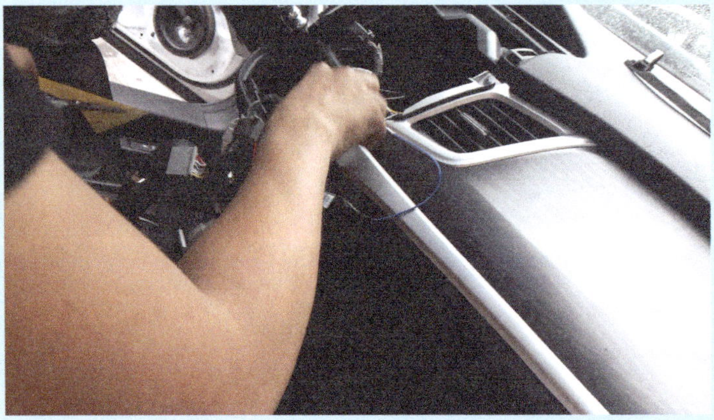

增加视频输入接口

（13）连接好 360°全景俯视系统的主机。

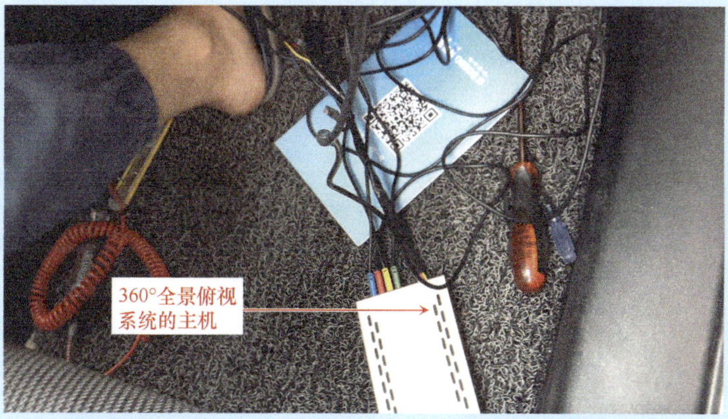

安装360°全景俯视系统的主机

（14）插上带显示屏的音响 CD 机插接器，然后将其放置在仪表台的安装位置。

带显示屏的音响CD机接好插接器

（15）开启带显示屏的音响 CD 机，确保 360°全景俯视系统能够正常工作，可在车身外四周相应的位置铺上黑白格子调试专用布进行四路影像的调试。

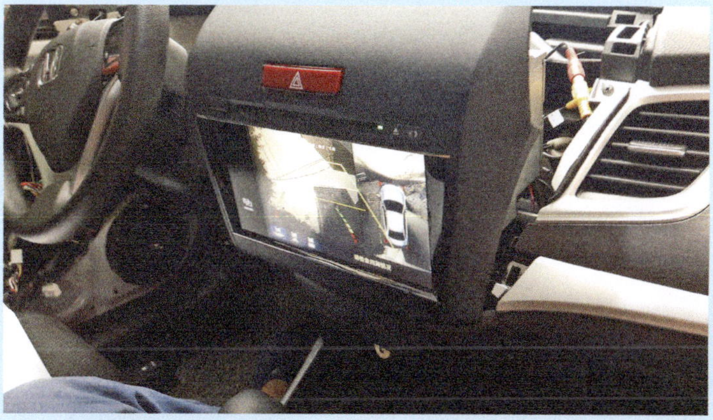

360°全景俯视系统正常工作

安装 360°全景俯视系统的主机

（16）包扎好 360°全景俯视系统主机的线束，然后将其隐藏放置即可。

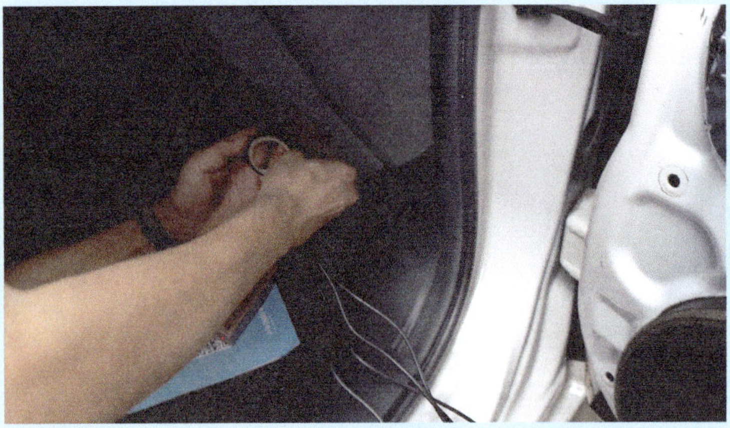

隐藏放置360°全景俯视系统主机

（17）安装好左、右两边前门的内饰板。

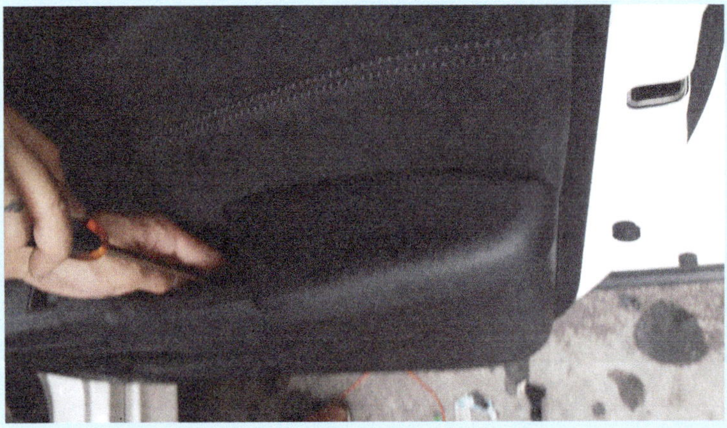

安装好前门内饰板

安装好所有饰件

（18）将中控台全部装回去，并且安装到位即可完成 360°全景俯视系统的安装作业。

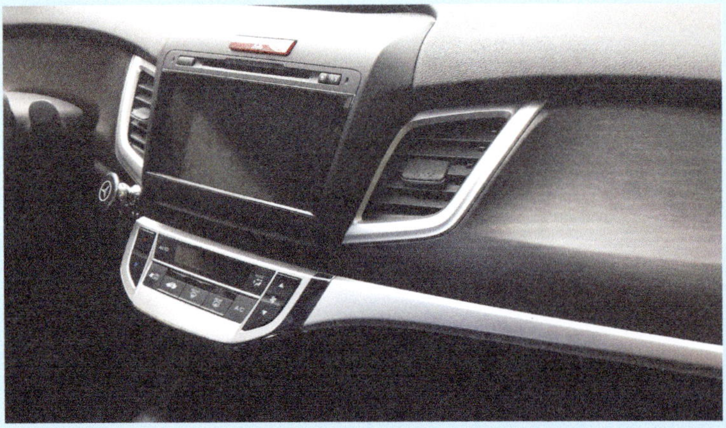

中控台全部装好

安装完成后的 360°全景俯视系统

37. 行车记录仪的加装

（1）首先把行车记录仪夹在车内后视镜上面。

行车记录仪夹在车内后视镜上

（2）布置行车记录仪的线束。

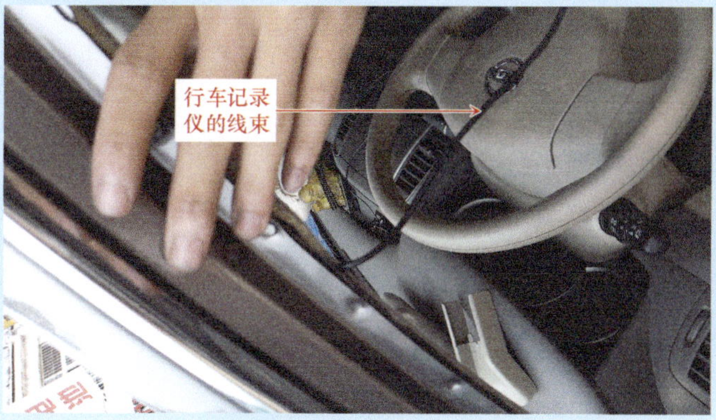

行车记录仪的线束隐藏布置

（3）布置后摄像头线束到后风窗玻璃。

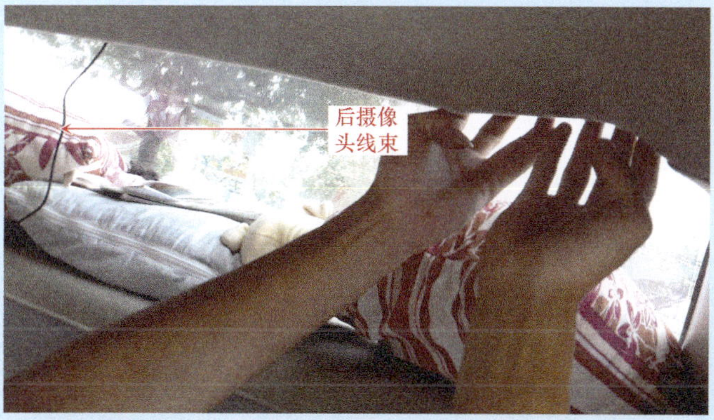

后摄像头线束隐藏布置

将行车记录仪夹在车内后视镜上

布置线束

（4）在后摄像头的底部粘贴固定贴片。

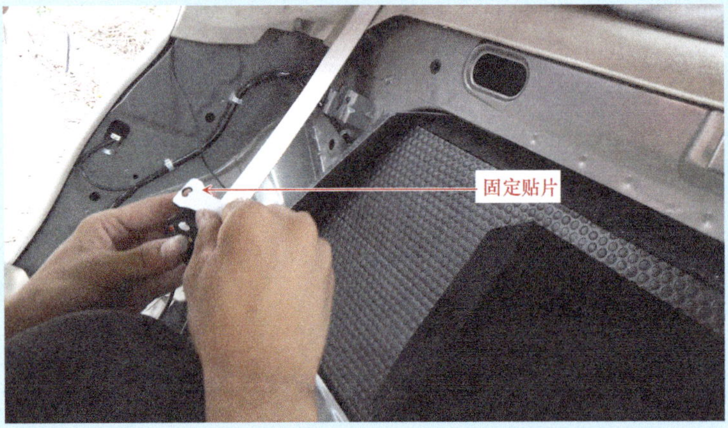

粘贴固定贴片

（5）撕开固定贴片保护层。

撕开固定贴片保护层

（6）将后摄像头粘贴在后风窗玻璃上。

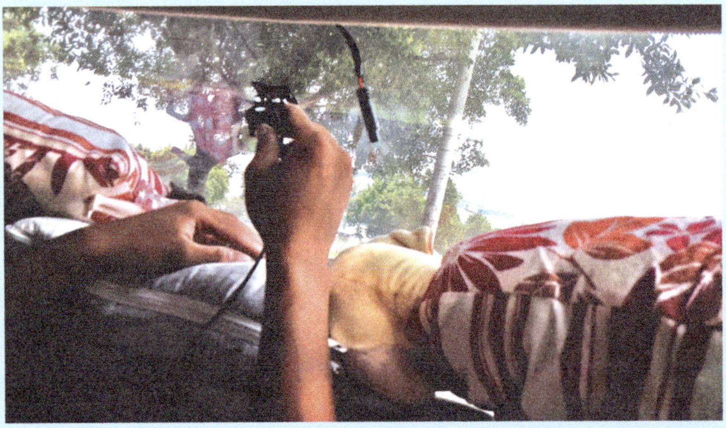

粘贴后摄像头

粘贴后摄像头

（7）连接行车记录仪的线束至后摄像头的插接器上，并确保连接牢固。

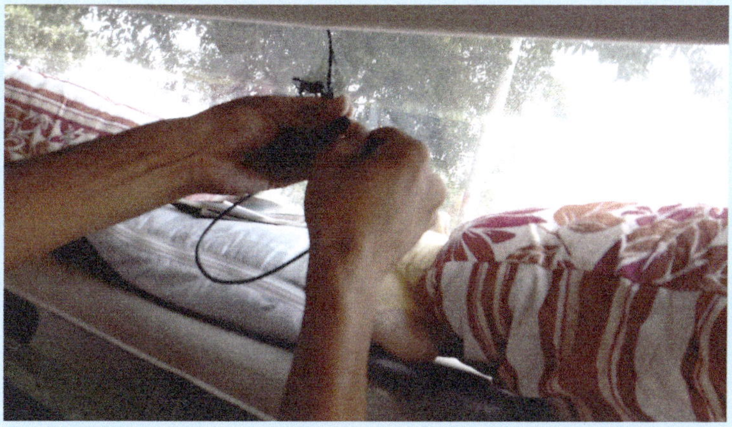

连接好后摄像头的插接器

（8）把后摄像头的插接器及线束隐藏起来。

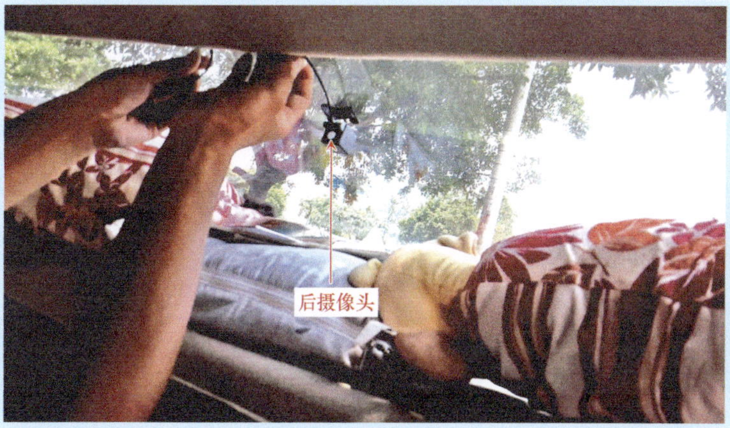

隐藏后摄像头的插接器及线束

隐藏后摄像头的插接器及线束

（9）使用试灯找到行车记录仪的主电源熔丝座。

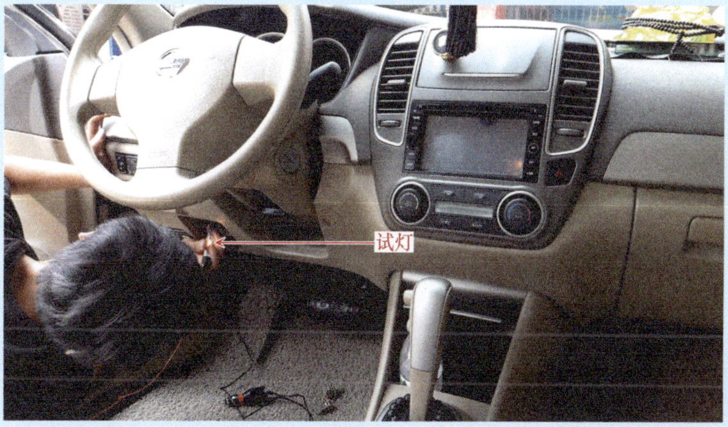

寻找行车记录仪的主电源熔丝座

寻找行车记录仪的主电源熔丝座

安装行车记录仪
电源线和搭铁线

（10）接好行车记录仪电源线和搭铁线，然后将它们布置好即可。

安装行车记录仪电源线和搭铁线

（11）开启行车记录仪检查安装效果

开启行车记录仪

（12）调整后摄像头直到画面正常为止。

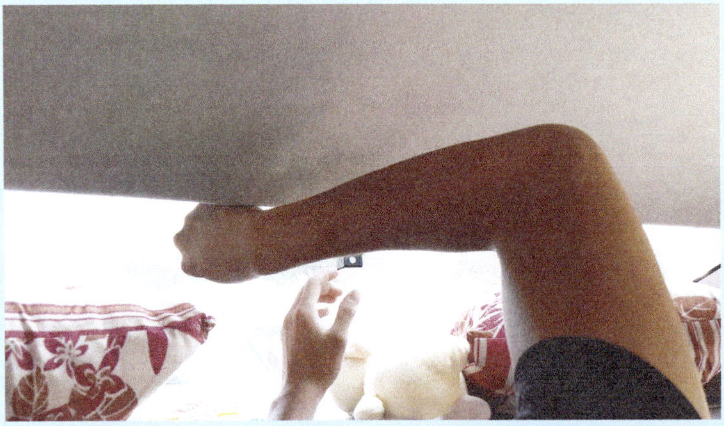

调整后摄像头

（13）调整前摄像头直到画面正常即可完成行车记录仪的安装作业。

调整前摄像头

调整前后摄像头

参考文献

[1] 张凤山，等. 汽车美容店开店与操作［M］. 北京：机械工业出版社，2015.

[2] 杨智勇，等. 汽车美容装饰入门与技巧［M］. 北京：化学工业出版社，2017.

[3] 白长城. 汽车美容［M］. 北京：中国农业出版社，2004.

[4] 钱岳明. 汽车装潢与美容技术［M］. 北京：人民交通出版社，2008.

[5] 夏怀成，等. 汽车养护与美容［M］. 北京：机械工业出版社，2011.